D1665555

Walter Ordemann

Abenteuerliches von der Küste

Ein rätselhafter Rembrandt
und
Beethovens Büste

29 ausgewählte Kurzgeschichten
mit Illustrationen

Druck und Verlag:

Medienhaus Rösemeier

Alte Dorfstraße 42 · 26160 Bad Zwischenahn-Ofen

Telefon 0441 - 96995-0 · E-mail: www.roesemeier.de

ISBN 978-3-926294-27-2

INHALTSVERZEICHNIS.

I. Abenteuerliches von der Küste
1. Ein –echtes– Bild von Rembrandt?

Popke Popken war, wie schon sein Name sagt, ein echter Ostfriese: eigenwillig, aber gradlinig und zuverlässig. Sein Wort galt – auch in der Familie. Aber dies wurde seine Ehefrau schließlich leid. Für ihr Empfinden hatte sich mit zunehmendem Alter ihres friesischen Gatten seine Schwächen potenziert: Aus der Eigenwilligkeit war Starrsinn geworden, aus einem Wortführer ein Haustyrann. So lief sie ihm weg – und über ihren Anwalt zum Scheidungsrichter. Das zwang Popke Popken, ein gleiches zu tun. Es gelang ihm, vor Gericht den Eindruck eines treuen Biedermannes zu machen, den seine Frau an sich gar nicht verdient habe – sie war keine Ostfriesin, sondern in seinen Augen eine leichtfertige Rheinländerin, die in der midlife crisis einen Ausbruch aus der Ehe unternommen hatte. Das verletze zwar seinen Stolz, aber er sähe es ihr nach, human, wie er nun mal sei. So schnitt Popke Popken beim Scheidungsrichter recht gut ab – bis auf den Kostenpunkt. Es war ihm nicht begreiflich zu machen, dass nach neuem Scheidungsrecht die Kosten grundsätzlich gegeneinander aufgehoben werden, d. h. jede Partei auch die Kosten ihres eigenen Anwalts zu tragen hat. Warum, das fragte Popke Popken wiederholt seinen Anwalt, seine Frau sei schließlich weggelaufen, er habe die Scheidung auch nicht gewollt. Alle Argumente des Anwalts – das Gesetz sehe es so vor, er, der Anwalt habe ja schließlich auch für ihn gearbeitet – überzeugten ihn nicht. Er lehnte eine Bezahlung seines Anwalts strikt ab. Dieser war nun in Verlegenheit: Sollte er die Kosten gegen seinen Mandanten festsetzen lassen, um dann zu vollstrecken? Er mochte seinen Mandanten mit all seinen Vorzügen und Schwächen. Aber musste er aus allein schon aus standesrechtlichen Gründen nicht wegen der Kosten gegen ihn vorgehen? Schließlich lebte er ja auch von den Honoraren seiner Mandanten. Als der Anwalt noch mit diesen zwiespältigen Überlegungen befasst war, überraschte Popke Popken ihn mit einem Vorschlag: Geld bekomme er, der Anwalt, von ihm nicht, „keinen Pfennig". Das sei sein letztes Wort. Aber: Er habe ein Bild, das solle der Anwalt stattdessen haben. Es handele sich um einen „Rembrandt". Seine Frau solle das Bild nicht haben, sie könne „Rembrandt" gar nicht würdigen, seine junge Tochter auch nicht, sie sei ihrer Mutter nachgeschlagen und schon jetzt eine vergnügungssüchtige Rheinländerin. Der Anwalt nahm dies scherzhaft auf: Rembrandt stamme schließlich auch vom Rhein, daher der Name van Rijn, das passe doch gut zueinander. Aber Popke Popken war nicht zum Scherzen aufgelegt: Es sei sein voller Ernst, der Anwalt solle das Bild haben, aber kein Geld. Das brachte den Anwalt nun erneut in Verlegenheit. Honorar in „Naturalien" hatte er noch nicht genommen. Durfte er das – standesrechtlich – überhaupt? War der „Rembrandt" echt, dann überstieg sein Wert das Honorar um ein Vielfaches, ja vielleicht

Tausendfaches. Wo gibt es aber noch echte Rembrandts? War das Bild eine Fälschung, dann kam womöglich nicht einmal das Honorar heraus.

Aber die Neugier des Anwalts war geweckt, er witterte ein Abenteuer. So fragte er Popke Popken, wie er an den „Rembrandt" gekommen sei. Es war eine alte Geschichte: Um 1700 hatte eine Vorfahrin von Popke Popken mütterlicherseits aus der Nähe von Groningen nach Ostfriesland geheiratet. Sie hatte das Bild angeblich in die Ehe eingebracht. Popkens Großmutter hatte erzählt, nach einer Überlieferung in der Familie habe der Großvater der Braut aus Friesland das Bild in einem Konkurs von Rembrandt erworben. – Konkurs von Rembrandt, des großen Malers? Die Nachforschungen des Anwalts ergaben, dass Rembrandt tatsächlich 1656 in Konkurs gefallen war und einen Großteil seiner Bilder verkaufen musste. Also könnte an der Geschichte etwas „dran" sein.

Aber um was für einen „Rembrandt" handele es sich überhaupt? Popke Popken: Das könne er auch nicht sagen, er habe das Bild nie gesehen, es habe nach den Angaben seiner Mutter immer auf dem Boden gelegen, unter viel Gerümpel. Da müsse es auch heute noch liegen. Jetzt, im Winter, sei es auf dem Boden zu kalt, im Frühjahr werde er es runterholen. Doch der Anwalt war ungeduldig – nicht wegen des „Honorars" in Form eines Bildes, sondern weil ihn die Geschichte interessierte. So bedrängte er Popke Popken, doch gleich auf den Boden zu gehen, mit ihm. Aber Popke Popken war wohl doch wirklich starrsinnig geworden und nicht mehr nur eigensinnig: Er lehnte die „Entdeckungsreise" auf den Boden seines Hauses im Winter kategorisch ab. So fand sich der Anwalt im Frühjahr bei Popke Popken wieder ein, allerdings zu ungelegener Zeit: Als er gegen Mittag an der Haustür klingelte, zeigte sich Popke Popken nach einer halben Stunde unwirsch am Fenster, ohne genau hinzusehen: Bis 15.00 Uhr müsse jeder Besucher warten, bis dahin pflege er seinen Mittagsschlaf zu halten. Sprachs, verschwand vom Fenster und hielt vermutlich seinen wohlverdienten Mittagsschlaf. Gegen 15.00 Uhr aber stand er bereit, den bedeutsamen Gang auf den Boden des Hauses zu machen – nicht ohne gewisse Feierlichkeit, die zunächst nur an einem leicht veränderten Klang der Stimme erkennbar war, aber deutlicher wurde, als er zur großen Überraschung des Anwalts zu seinem dunklen Anzug einen Zylinder aufsetzte. Der Anwalt fragte nicht mehr – er hatte schon genug Überraschungen mit seinem Mandanten erlebt. Um aber die Feierlichkeit noch zu erhöhen und mit Popke Popken gleichzuziehen, legte der Anwalt seine Robe an, die er von einem auswärtigen Gerichtstermin wieder mitgebracht hatte. Der Gang mit Popke Popken auf den Boden erschien wie eine Ewigkeit, langsam und gemessen setzte Popke Popken Schritt für Schritt auf die Treppe, die recht unsicher wirkte, der Anwalt in Robe hinterher, sich der grotesken Situation durchaus bewusst. Schließlich war der Boden erreicht: Ein großes Durcheinander von altem Hausrat, Balken und Bohlen, alten Fensterrahmen und Dachziegeln etc. breitete sich aus. Im Dach waren Löcher, darunter Eimer, offenbar zum Auffangen von Niederschlägen. Und hier sollte ein Rembrandt hausen? Popke Popken ging zielstrebig in eine Ecke, in der besonders viel Holz aufgeschichtet war, wo aber keine Eimer standen, wie der Anwalt sogleich konstatierte. Es war eine merkwürdige Szene, als Popke Popken nun im dunklen Anzug und mit Zylinder abräumte, dem Anwalt in Robe Brett für Brett in die Hand gab, die dieser beiseite legte. Als schließlich kein Brett mehr da war, kamen zwei Dinge zum Vorschein: ein Bild mit Rahmen, soweit erkennbar unter einer dicken Staubschicht, ein kitschiges Bildnis einer leicht bekleideten Dame aus der Zeit um 1900. Dann bückte sich Popke Popken ein weiteres Mal und hob seinen Zylinder ab. Er reichte dem Anwalt ein rechteckiges Brett von ca. 40 x 50 cm Größe mit einer Leinwand darüber. Zu erkennen war darauf aber nichts. Eine dicke Dreck- und Staubschicht verbarg alles. Während Popke Popken gemessen seinen Zylinder wieder aufsetzte, eilte der Anwalt mit dem „Fund" nach unten. Mit kaltem Wasser befreite er einen Zipfel des „Fundes" von Dreck und Schmutz. Es kam eine rissige Leinwand zum Vorschein. Den Anwalt hatte nun die Bilderleidenschaft gepackt. Er befreite vorsichtig das ganze Bild von der Schmutzschicht. Zum Vorschein kam: das Bildnis eines jungen Mannes. Die Leinwand war insgesamt stark rissig und ohne jede Firnisschicht, das Bild aber noch gut erkennbar – und links oben das Signum „Rembrandt fc. 1656". – Wer war der junge Mann auf dem Bild? Der Anwalt hatte sich im langen Winter in „Rembrandt" eingelesen. Er kannte fast jedes Werk von ihm. Sein erster Tipp: Titus, der Sohn von Rembrandt. Spätere Vergleiche bestätigten dies. Aber: gab es dies Bild nicht schon? Nachforschungen waren negativ. Es wurde sogar berichtet, ein Werk „Titus" sei verschollen. Sollte es sich also um das verschollene Bild handeln? Wie war dann sein Wert anzusetzen? All dies erörterte der Anwalt zunächst mit Popke Popken, der gekränkt erschien als der Anwalt Zweifel an der Echtheit äußerte: Wie könne ein echter Rembrandt über 300 Jahre verschollen bleiben, um nun auf einem Dachboden in Ostfriesland unter viel Gerümpel aufzutauchen? Ob Popke Popken nicht ein falsches Spiel mit ihm treibe? Popke Popken wies eine solche Unterstellung entrüstet zurück und äußerte, er sei ein ehrenwerter Mann. Er legte dem Anwalt aber auch eine schriftliche Erklärung vor, die wie folgt lautete:

> „Falls das Bild „Rembrandt" echt ist, verzichte ich auf Rückgabe oder Zahlungen dafür und der Anwalt auf sein Geld. Wenn das Bild gefälscht ist, verzichtet der Anwalt auf jegliches Honorar und kann das Bild behalten."

Popke Popken hatte schon unterschrieben. Der Anwalt musste auf sein Drängen auch gleich unterschreiben.

Der Vorgang war nicht geeignet, das Vertrauen des Anwalts in die Richtigkeit der Angaben seines Mandanten über die Vorgeschichte des Bildes zu stärken. Er fragte, ob er das Bild untersuchen lassen könne. Popke Popken dazu: das könne er natürlich, wenn er das Bild besitze; aber der Anwalt müsse die Kosten der Untersuchung selbst tragen. Er – Popke Popken – wolle sich vorher noch „generös" zeigen. Er werde das Bild noch rahmen lassen und werde die Kosten dafür auch selber tragen! – Ein schöner Rahmen für ein unechtes Bild – oder ein echtes? Der Anwalt protestierte gegen das Rahmenlassen, doch Popke Popken hielt an seinem Vorhaben als echter Ostfriese fest und war durch nichts davon abzubringen. Bis zum Sommer musste sich der Anwalt wiederum gedulden, dann rief Popke Popken an: das Bild sei gerahmt, es könne abgeholt werden. Beim Eintreffen des Anwalts empfing Popke Popken ihn wieder mit Zylinder. Feierlich händigte er ihm das Bild aus, das inzwischen sogar offensichtlich gefirnisst war; denn es glänzte richtig. Popke Popken sagte, er gebe es in würdige Hände, denn er schätze seinen Anwalt als Kunstkenner und -liebhaber. Dies traf allerdings erst für die Zeit ab „Entdeckung" des „Rembrandt" zu und beschränkte sich im wesentlichen auf Rembrandt selbst. Popke Popken unterließ es nicht zu bemerken, dass der Rahmen a l l e i n 600,00 DM gekostet habe, mindestens diesen Betrag sei das Bild also Wert. Ein sehr schwacher Trost für den Anwalt, wenn das Bild gefälscht war; denn sein Honoraranspruch belief sich auf ca. 2.000,00 DM. Der Anwalt bedanke sich bei seinem Mandanten Popke Popken mit gemischten Gefühlen. Was sollte er nun tun mit einem – echten oder falschen – Rembrandt? Kunstkenner seiner näheren Umgebung äußerten sich vorsichtig: das Bild könne echt, könne aber auch eine Fälschung sein, dann allerdings eine gute. Der Wert? Ein echter Rembrandt von dieser Qualität sei unbezahlbar, der Wert könne nur in Millionen DM ausgedrückt werden. Bei einer Fläschung komme es darauf an: stamme sie aus Rembrandts Zeit oder gar aus seiner Werkstatt, könne sie durchaus einen „gewissen Wert" haben. Eine Fälschung neueren Datums sei dagegen nahezu wertlos. Gegen letzteres sprachen allerdings entschieden der Fundort und die von Popke Popken berichtete Vorgeschichte wie auch die Beschaffenheit des Bildes – oder Popke Popken müsste schon sehr durchtrieben gewesen sein. Diesen Eindruck machte er trotz aller Schläue nicht; aber eine Fälschung aus der Zeit Rembrandts oder danach war durchaus möglich, auch die „Familiengeschichte", wie sie die Großmutter von Popke Popken erzählt hatte, schloss sie nicht ohne weiteres aus. Sollte also der Anwalt durch Röntgenaufnahmen und chemische Analysen sowie durch einen Kunstsachverständigen das Bild untersuchen lassen, um Gewissheit zu bekommen? Von einem Kundigen wurden die Kosten dafür auf mehrere 10.000,00 DM veranschlagt. – Der Anwalt hat sich dazu nicht entschließen können. Nicht so sehr der Kosten wegen, aber er scheute die letzte Wahrheit: Die Bestätigung der Echtheit würde ihn zum

Millionär machen – ein für ihn unvorstellbarer Gedanke mit unübersehbaren Konsequenzen. Sollte er das Bild verkaufen und seine Robe dann an den Haken hängen? War dies moralisch gerechtfertigt in anbetracht der gesamten Umstände? Und wenn es eine Fälschung war, war sie dann älteren oder neueren Datums? Die Enttäuschung wäre im einen wie im anderen Falle groß, bei einer Fälschung neueren Datums besonders auch über den Mann Popke Popken; denn dann hätte dieser seinem Anwalt eine unwahre Geschichte aufgetischt und ihn getäuscht, nur um sich vor dem Honorar zu drücken. Warum hatte er das Bild nicht selbst verkauft, um zu Geld zu kommen? Fragen über Fragen.

Der Vorgang liegt inzwischen Jahre zurück. Zwei gute Bekannte des Anwalts, die von dem „Rembrandt" gehört hatten, boten an, sich an den Kosten einer umfassenden Bildanalyse zu beteiligen, wenn sie auch je 1/3 des Verkaufswertes des Bildes bekämen. Nach reiflicher Überlegung lehnte der Anwalt den Vorschlag ab. Er wollte den guten Bekannten eine Enttäuschung ersparen, wenn das Bild gefälscht und wertlos war. Andererseits gestand er sich, dass er nicht gern Millionen abgeben wollte, falls das Bild echt war.

Der Anwalt hat sich immer noch nicht zur Untersuchung entschließen können. Er glaubt inzwischen an die Echtheit, braucht aber keine Gewissheit. Er hat jetzt seine Ruhe gefunden, weil er das Bild einfach schön findet und es immer wieder anschaut, mag es nun echt oder eine Fälschung sein. Manchmal kommt es ihm allerdings so vor, als wenn Titus mit einem Auge zwinkert und sagen will, dass Popke Popken den Anwalt doch ganz schön reingelegt habe. Indes blickt Titus dann wieder ernst und unbeweglich – und das Vertrauen des Anwalts ist wieder da. Popke Popken meldete sich gelegentlich noch: Ob das Bild noch gefalle? Er wisse ja auch nicht ob es echt sei, aber er glaube es. So sind denn beide gläubig, der Anwalt und Popke Popken – oder dieser doch nicht? Die Geschichte bleibt in rembrandt'sches Hell-Dunkel gehüllt.

Die Übergabe des Bildes.

2. DER BLAUE BEETHOVEN

Frau T. war seit 20 Jahren Putzfrau – heute sagt man Raumpflegerin – bei einem Rechtsanwalt. Sie machte und hielt dessen Kanzlei sauber. Frau T. war eine treue Seele, nur reichlich groß geraten. Auf den für sie kleinen, ansonsten normal großen Anwalt schaute sie von oben herab. Aber sie hatte einen kleinen Fehler, einen Sprachfehler. Immer wenn sie mit dem Anwalt sprach, von oben herab, stotterte sie, sonst nicht oder nur unwesentlich.

Eines Tages bat sie der Anwalt, ein Liebhaber klassischer Musik und großer Verehrer von Ludwig van Beethoven, die in seinem Arbeitszimmer stehende Büste zu reinigen. Die Büste, Beethoven darstellend, war mal ganz weiß gewesen, hatte aber mit der Zeit graue Patina angesetzt. Frau T., ihrem Dienstherrn gegenüber immer zuvorkommend, sagte sofort:

„M..m..m..m..machen wir"

und sie begann ihr Werk noch am selben Abend.

Am nächsten Tag kam sie zum Anwalt und berichtete, dass sie eine „schreckliche N..N..N..Nacht" gehabt habe. Zunächst wollte sie wissen, wen die Büste darstelle. Der Anwalt hatte angenommen, Frau T. wüsste das und kenne auch Beethoven, worin er sich aber getäuscht sah, wie die nun folgende Unterhaltung ergab, immer wieder unterbrochen durch das Stottern der Frau T.

Der Anwalt: „Das ist die Büste von Beethoven".

Frau T.: „So, Beethoven. Wer ist denn das?"

Der Anwalt: „Ein Musiker".

Frau T.: „Wo macht er denn Musik".

Der Anwalt: „Beethoven lebt nicht mehr, er hat zwar auch Klavier gespielt, aber in erster Linie war er Komponist".

Frau T.: „Was ist denn das, ein Komponist? Eine Art Kommunist?"

Der Anwalt, den die Unterhaltung allmählich belustigte: „Zunächst einmal kein Kommunist, ein Komponist schreibt Musik für andere, die sie dann spielen."

Frau T.: „Aha. War Beethoven berühmt?"

Der Anwalt: „Ja, sehr sogar, kennen Sie denn nicht das Lied an die Freude aus der 9. Symphonie?"

Frau T.: „Nie gehört, keine Symphonie und auch Beethoven nicht".

Der Anwalt: „Na, Frau T., nun erzählen Sie mal, was Sie letzte Nacht mit Beethoven für ein Erlebnis hatten – war er Ihnen als Geist erschienen?"

Frau T. schilderte nun:

Sie habe das beste Reinigungsmittel genommen und in Wasser aufgelöst. Die Mischung sei hellblau gewesen. Dann habe sie die Büste damit übergossen.

Der Anwalt: „Und?"

Frau T.: „D..D..D..Da war er ganz b..b..b..blau".

Der Anwalt: „Wer?"

Frau T.: „Na, B..B..B..Beethoven".

Der Anwalt: „Jetzt ist er aber doch wieder weiß, schön weiß sogar".

Frau T.: „D..D..D..Danke. D..D..D..Das war auch sch..sch..sch..schwer genug".

Der Anwalt: „Was?"

Nun erzählte Frau T. Folgendes – des besseren Verständnisses wegen wird von einer Wiedergabe in direkter Rede abgesehen:

Sie habe erst einen furchtbaren Schreck bekommen, als der Mann so blau angelaufen sei. Zunächst habe sie gedacht, es habe am Reinigungsmittel gelegen. Sie habe eine starke Konzentration genommen und sie über die Büste gegossen. Nun sei der Mann ganz blau gewesen und habe furchterregend ausgesehen. Sie habe sich noch mehr erschrocken. Dann habe sie nachgedacht und sei zu der Erkenntnis gekommen, dass es am Material der Büste liegen müsse. Es sei zwar nicht aus Gips gewesen, aber so eine „p..p..p..poröse M..M..M..Masse", die das „b..b..b..blaue Reinigungsm..m..m..mittel" aufgesogen habe. Sie hatte nun weiter überlegt, wie die blaue Büste wieder weiß zu machen sei, und hatte ganz folgerichtig geschlossen, dass man hierzu denselben Weg gehen müsse: statt blauer Flüssigkeit müsse man nur eine farblose, d. h. Wasser, nachgießen. Sie geschah es. Frau T. setzte Beethoven in einem Waschbecken unter Wasser und goss immer wieder Wasser über ihn.

Frau T. nun: „Der Herr ließ v..v..v..viel b..b..b..blaues Wasser ei..ei..ei..eimerweise unter sich. Ihm gefiel wohl der bl..bl..bl..blaue Zustand" wusste Frau T. humorvoll zu berichten und weiter: „Ich ha..ha..ha..habe es ihm a..a..a..aber ausgetrieben, nur d..d..d..das dauerte l..l..l..lange".

Der Anwalt: „Wie lange denn?"

Frau T.: „F..F..F..Fünf Stunden".

Und sie berichtete, dass sie immer wieder Wasser nachgeschüttet habe, von allen Seiten. Erst hätte sich die Bläue gar nicht lösen wollen, dann sei der Herr äußerlich wieder weißer geworden, aber von innen habe es noch bläulich durchgeschimmert. Schließlich habe der Herr wohl „D..D..D..Durchfall gehabt" und dann sei gegen Mitternacht alles weg gewesen, kein „bl..bl..bl..blauer Schimmer mehr". Da sie nun so lange bis um Mitternacht mit dem Herrn zu tun gehabt habe, wolle sie doch auch gern noch seinen Namen wissen. Die Bitte war ihr, wie einleitend schon bemerkt, erfüllt worden. Seither steht Beethoven wieder im strahlendsten Weiß auf dem Sockel im Arbeitszimmer des Anwalts und niemand sieht ihm seine blauen Stunden an. Nur Frau T. blickt ab und zu verstohlen zu ihm hin. Ob sie Beethoven nicht ganz traut und einen Rückfall in seinen blauen Zustand befürchtet?

Fazit: Eine Frau mit Verstand u n d Humor.

II. Vor Ämtern und Gerichten
3. Was ist Kunst?

Im Jahre 1919 wurden im Saal der Gaststätte „Zum Deutschen Hause" in Brake Filme, und zwar Stummfilme, vorgeführt. Der Inhaber des Lichtspieltheaters „Kammerlichtspiele" hatte den Saal dafür gemietet. Nun sollte er aufgrund einer Satzung der Stadt Brake aus dem Jahr 1913 „betreffend die Besteuerung kinematographischer Vorstellungen" eine Kinosteuer dafür an die Stadt zahlen. Der Kinoinhaber weigerte sich zu zahlen und berief sich dabei auf eine Ausnahmebestimmung in der Satzung, wonach von der Steuer befreit waren:

„Vorstellungen, bei denen ein höheres Interesse der Kunst oder Wissenschaft obwaltet oder die ausschließlich Belehrungs- oder Unterrichtszwecken dienen".

Vorgeführt wurden von Februar bis Anfang Juni 1919 folgende Filme:

im Februar:	Die Geißel der Menschheit.
	Olympische Spiele.
	Das Glück der Frau Beate.
	Das Haus im Moor.
im März:	Die letzten Tage von Pompeji.
	Friedel vom Hochland.
	Söhne des Volkes.
	Die wilde Ursula.
	Das Geschlecht der Schelme.
im April:	Das Himmelsschiff.
	Der Trompeter von Säckingen.
	Carmen.
	Die Herrin des Nils, Kleopatra.
im Mai:	Die Waffen nieder.
	Pax aeterna.
	Aphrodite.
	Eine junge Dame von Welt.
im Juni:	Das Dreimäderlhaus.

Der Kinoinhaber beantragte bei der Stadt Brake die Freistellung von der Kinosteuer mit der Begründung, es habe sich sämtlich um Filme gehandelt, bei denen ein höheres Interesse der Kunst und Wissenschaft vorliege. – Das zuständige Amt der Stadt Brake bestritt das und lehnte den Antrag ab. Dagegen erhob der Kinoinhaber Klage beim Verwaltungsgericht Oldenburg, wobei er auch noch geltend machte, dass die Steuer der Höhe nach falsch berechnet worden sei.

Die Stadt Brake wandte ein, die gezeigten Filme seien ohne künstlerischen Wert gewesen, und selbst wenn „einzelne Vorführungen künstlerische gewesen sein sollten", könnten sie allein nicht zur Befreiung von der Steuer führen. Zudem schlössen die örtliche Lage und der Zustand der Gastwirtschaft, in der die Vorstellungen stattfänden, es aus, ein „kunstverständiges Publikum" anzuziehen. Es handele sich eben nicht um eine „Kunststätte". Schließlich habe der Kläger in der Werbung auch nicht auf einen „Kunstwert" der Filme hingewiesen. Das Publikum gehe ins Kino, „um sich zu amüsieren".

Der Kläger hatte zur Stützung seines Standpunktes ein Gutachten des „Lichtspiel-Beirats der Vereinigten Lichtspieltheater-Besitzer von Bremen" beigebracht. Darin wurde die Auffassung vertreten, dass Filmwerke wie Kleopatra, Carmen, Der Trompeter von Säckingen, die Geißel der Menschheit, Das Dreimäderlhaus, Die Waffen nieder, Das Geschlecht der Schelme, Eine junge Dame von Welt, Aphrodite, Söhne des Volkes, Pax aeterna und Das Himmelsschiff Werke von hohem literarischem Wert seien (gemeint waren wohl die Drehbücher), die auch als Filme höheres Kunstinteresse beanspruchen könnten. Das Gesamtprogramm stelle eine wertvolle Auslese des Besten dar, „was die Filmindustrie bisher geleistet hat".

Trotzdem wies das Verwaltungsgericht Oldenburg die Klage mit der Begründung ab, dass der Kläger den Nachweis künstlerischer Leistungen nicht erbracht habe. – Damit gab sich der Kläger nicht zufrieden und legte Berufung beim Oberverwaltungsgericht Oldenburg ein, wobei er vorweg rügte, dass das Kino mit der Gaststätte nichts zu tun habe; der Saal, in dem die Filme vorgeführt würden, habe einen besonderen Eingang und eine Zuwegung von der Straße aus.

Anders als das Verwaltungsgericht sah das mit der Berufung befasste Oberverwaltungsgericht Oldenburg den Nachweis als erbracht an, dass die vom Kläger gezeigten Filme von hohem künstlerischem Wert seien. Dabei stützte es sich auf das Gutachten des Lichtspiel-Beirates aus Bremen. Die Entscheidungsgründe sind auch heute noch lesenswert:

„Das Oberverwaltungsgericht trägt keine Bedenken, aus der hervorragenden Qualität der im Gutachten behandelten, bei weitem größten Mehrzahl der vom Kläger vorgeführten Filme zu folgen, dass bei den gesamten Vorstellungen der Braker „Kammerlichtspiele" ein höheres Interesse der Kunst oder Wissenschaft obgewaltet hat. Ein solcher Charakter der Vorstellungen kann auch durch die von der Stadt hervorgehobenen Momente wie örtliche Lage,

Zustand der Wirtschaft, Fehlen einer künstlerischen Vorführungsstätte, Charakter des Publikums, Motive seines Kinobesuchs und mangelnder Hinweis auf die künstlerische Qualität der Vorführungen in den Prospekten nicht in Frage gestellt werden. Es liegt auf der Hand, dass eine solche Auffassung zumal in bescheideneren oder ärmlichen Ortsteilen zu unhaltbaren Folgerungen führen würde. Auf die Motive des Kinobesuchs und die Art der vorherigen Bekanntmachungen kann es nicht ankommen. So verliert ein an sich künstlerischer Film seinen künstlerischen Charakter nicht dadurch, dass er sich mit Plakaten und Titel eines sensationellen Schundfilms umkleidet, vielleicht aus dem Motiv, das Publikum unmerklich zu guter Kunst zu erziehen. Natürlich können extreme Fälle vorliegen, wo die Örtlichkeit, der Charakter des Raumes und das Benehmen des Publikums während der Vorführung derartig sind, dass von einer künstlerischen Vorstellung nicht mehr gesprochen werden kann. Dafür, dass ein solcher extremer Fall bei den B. Kammerlichtspielen vorgelegen hat, liegt aber nichts vor. Der Kläger war somit aufgrund des § 7 des B. Statuts von der Abgabe für seine kinematographischen Vorstellungen freizustellen …" (Urteil des OVG vom 29. 11. 1921, Spruchbuch Nr. 146/1921, Zeitschrift für Verwaltung und Rechtspflege in Oldenburg, 49. Band, S. 57 ff.).

Soweit das Oberverwaltungsgericht. Es kann heute nicht mehr nachvollzogen werden, ob Stummfilme mit Titeln wie „Die Geißel der Menschheit", „Das Glück der Frau Beate", „Friedel vom Hochland", Die wilde Ursula", „Das Geschlecht der Schelme", „Aphrodite", „Eine junge Dame von Welt" und „Das Dreimäderlhaus" künstlerischen Wert hatten – oder nicht. Nach heutigen Maßstäben wäre das wohl zu verneinen. Nur wenige Filme der Stummfilmzeit haben später das Prädikat „künstlerisch wertvoll" erhalten wie „Panzerkreuzer Potemkin" von Sergej Eisenstein, „Metropolis" von Fritz Lang oder einige Filme von Charly Chaplin. Das OVG hatte auch nur danach gefragt, „ob die Vorführungen nach dem jetzigen Stande der Entwicklung als Höchstleistungen künstlerischer oder wissenschaftlicher Art anzusehen sind". Dies hatte das Gericht aufgrund des Bremer Gutachtens „gemessen am Maßstabe gegenwärtiger Möglichkeiten" bejaht, sich selbst die Filme aber offenbar gar nicht angesehen, ebenso wenig wie das Verwaltungsgericht in der Vorinstanz.

Abschließend noch einige Auszüge aus dem Gutachten:

„Das Himmelsschiff ist ein Film von eigenartigem Kunstreiz. Er ist frei von allem Sensationellen, zeigt fesselnde Bilder, die sich von zartester Lyrik zur starken Dramatik steigern. Es wird in diesem literarisch wie technisch fast vollendeten Kunstwerk die Friedensidee in einer reizvollen, feinsinnigen Weise propagandiert, ohne dass dieselbe irgendeine tendenziöse Wirkung ausübt. Die verfilmten Romane: Die Waffen nieder, Das Geschlecht der Schelme, Eine junge Dame von Welt, ebenso das Dreimäderlhaus, Der Trompeter von Säckingen sind als Filmwerke so gehalten, dass sie deutschem Kunst- und Geistesleben in aller Welt Beachtung schaffen".

Deutsche Filme also für die ganze Welt? Das war wohl ein Wunschtraum der zwanziger Jahre des vorigen Jahrhunderts – und ist auch heute noch ein Wunschtraum angesichts der erdrückenden Konkurrenz aus Hollywood.

Zeitschrift

für

Verwaltung und Rechtspflege

in

Oldenburg.

(Fortsetzung des Magazins für die Staats- und Gemeinde-Verwaltung im Großherzogtum Oldenburg und des Archivs für die Praxis des gesamten im Großherzogtum Oldenburg geltenden Rechts.)

Herausgegeben

von

Riesebieter,
Oberstaatsanwalt.

Mutzenbecher,
Geh. Oberregierungsrat.

Neunundvierzigster Band.

Oldenburg.
Kommissionsverlag und Druck von Gerhard Stalling.
1922.

---

4. WAS SIND VERGNÜGUNGEN?

Die prekäre finanzielle Situation des Reiches, der Länder und Gemeinden nach dem Ende des Ersten Weltkrieges machte den Gesetzgeber erfinderisch: Er führte die sog. Vergnügungssteuer ein („Bestimmungen über die Vergnügungssteuer" vom 7. Juli 1923, RGBl. Teil I, S. 503). Daraufhin erließ der Amtsverband Cloppenburg Ende 1923 eine Steuerordnung, die bestimmte, dass alle im Amtsverbandsbezirk veranstalteten Vergnügungen „einer Steuer nach den Bestimmungen dieser Steuerordnung" unterliegen. Als steuerpflichtige Vergnügungen galten danach insbesondere Tanzbelustigungen.

Aufgrund dieser Bestimmungen wurde im Jahre 1925 ein Berufstanzlehrer aus Löningen, der in Lastrup Tanzkurse abhielt, zur Zahlung einer Vergnügungssteuer herangezogen. Gegen den Bescheid hatte der Tanzlehrer Klage beim Verwaltungsgericht Oldenburg erhoben, das sie aber mit der Begründung abwies, dass es sich um Tanzkurse in einem öffentlichen Lokal handele, in dem die Kursusteilnehmer während der Pausen zwischen den einzelnen Tänzen Getränke zu sich nähmen und auch rauchten; diese Umstände brächten es mit sich, dass auch Nichtteilnehmer des Tanzkurses und etwaige Angehörige der den Kursus besuchenden Kinder am Tanze teilnähmen, „nicht etwa um zu lernen, sondern um sich beim Tanze zu vergnügen". Damit werde aber die Tanzstunde zu einer Veranstaltung, die mit ihrem belehrenden Zweck gerade mit Rücksicht auf die Umgebung, in der sie abgehalten werde, gleichzeitig ein Vergnügen verbinde.

Der Kläger gab sich mit dieser Entscheidung nicht zufrieden, sondern ging in die Berufung zum oldenburgischen Oberverwaltungsgericht. Dazu führte er aus: Er sei ein regulär ausgebildeter Tanzlehrer und gehöre als solcher dem Tanzlehrerverband an. Zweimal in der Woche halte er in Lastrup nachmittags für 34 Schulkinder und abends für 43 Jugendliche im Saal des Wirtes W. Tanz- und Anstands-Lehrkurse ab. Zu den Kursen hätten nur Teilnehmer Zutritt gehabt; Zuschauer seien nicht zugelassen. Es sei verboten, während der Übungsabende zu trinken oder zu rauchen. Während des Lehrgangs gäbe es nur ein Kränzchen und zum Abschluss den Abtanzball.

Das Oberverwaltungsgericht gab dem Kläger recht, tat sich mit seiner Entscheidung aber schwer, wie vordem schon das Preußische Oberverwaltungsgericht und ebenso der Bayerische Verwaltungsgerichtshof.

Nach der Definition des Preußischen Oberverwaltungsgerichts (Urteil v. 20. 10. 25, II C 17/25) war unter „Vergnügen" eine Veranstaltung zu verstehen, die nach der Absicht des Veranstalters dazu bestimmt und auch geeignet ist, „zu ergötzen und zu unterhalten"; entscheidend sei allein „die Wirkung, welche der Veranstalter bei dem Publikum, auf dessen Besuch er rechnet, hervorzurufen beabsichtigt".

Dieser – subjektiven – Bestimmung stellte der Bayerische Verwaltungsgerichtshof eine objektive Auslegung gegenüber (Verw.Archiv Bl. 31, Seite 466):

„Nach der Rechtsprechung sind als Vergnügungen solche Veranstaltungen, Darbietungen und Vorführungen zu erachten, die dazu bestimmt und auch geeignet sind, zu ergötzen und zu unterhalten. Im Hinblick auf § 1 Absatz 3 der Steuerordnung des Reichsrats ... kommt es nicht auf die Absicht des Unternehmers an; hieraus folgt, dass es entscheidend ist, ob die objektiven Merkmale des Vergnügens gegeben sind".

Das Oberverwaltungsgericht Oldenburg schloss sich dieser – objektiven – Deutung des Begriffes „Vergnügen" an:

„Der Begriff „Vergnügen" ist immer nur dann erfüllt, wenn nach den Umständen des Einzelfalles das Vergnügen „Hauptzweck und wesentlicher Inhalt einer Veranstaltung ist".

Das Oberverwaltungsgericht Oldenburg brachte dann tiefschürfende Ausführungen über das Wesen von Tanzlehrgängen und des Vergnügens überhaupt:

„Vorliegend sind zwei Tanzlehrkurse eines Berufstanzlehrers als solche vom Beklagten und der Vorinstanz als Vergnügen aufgefasst worden. Es ist nicht etwa ein Tanzkränzchen oder ein Abtanzball mit einer Steuer belegt worden. ... Keineswegs ist es aber angängig, ernsthafte Tanzlehrgänge eines Berufslehrers in kleinen Ortschaften auf dem Lande generell als Vergnügungen aufzufassen; der wesentliche Inhalt von Tanzlehrgängen ist der Unterricht und nicht die ergötzende Unterhaltung ..."

Das würde nur dann der Fall sein, wenn im Einzelfall besondere Umstände dargetan werden, die ergeben, dass der wesentliche Inhalt des Tanzlehrganges nicht der Unterricht, sondern die ergötzende Unterhaltung ist. Solche Umstände könnten z. B. in Frage kommen:

„Wenn im Tanzraum der Genuss von Getränken, Speisen und Tabakwaren eine wesentliche Rolle spielt, wenn aus der Auswahl der Tage und der Tageszeiten sowie der Dauer und dem Programm der einzelnen Tanzlehrgänge sich die ergötzende Unterhaltung als wesentlicher Inhalt ergibt. ... Hier ... ist anzunehmen, dass zu den jedesmaligen Übungen, die fast immer, nicht sonnabends, und zwar von drei bis fünf oder acht bis zehn Uhr stattfanden, nur die Teilnehmer Zutritt hatten, dass Zuschauer nicht zugelassen sind, dass der Schluss der jedesmaligen Übung vom Kläger bestimmt worden ist und dass während der Übungen nichts verzehrt und nicht geraucht ist. Damit entfallen die besonderen Umstände, in denen die objektiven Merkmale eines „Vergnügens" erblickt werden können überhaupt, geschweige denn, dass sie in einem solchen Umfange vorhanden gewesen wären, dass sie Hauptzweck oder wesentlicher Inhalt der Veranstaltung geworden wären." (Urteil des OVG Oldenburg vom 9. September 1926 – Spruchbuch Nr. 124/1926, Zeitschrift Bd. 54, S. 154 ff.).

Anzumerken ist, dass der klagende Tanzlehrer hervorgehoben hatte, er erteile aus religiösen Gründen sonntags ohnehin nicht und sonnabends grundsätzlich keinen Tanzunterricht im katholischen Oldenburger Münsterlande; sollte das im Einzelfall doch geschehen sein, so habe es sich eben um einen Ausnahmefall gehandelt.

Die Entscheidung war deshalb so schwierig – und führte zu zwei unterschiedlichen Entscheidungen des Verwaltungsgerichts und des Oberverwaltungsgerichts Oldenburg –, weil der Gesetzgeber es versäumt hatte, den Begriff des „Vergnügens" zu definieren. Das hatte er in weiser Erkenntnis des Schwierigkeitsgrades der Rechtsprechung überlassen. Diese schwankte dann zwischen einer subjektiven Begriffsbestimmung (Preußisches OVG) und einer objektiven (Bayerischer VGH).

Das Verwaltungsgericht Oldenburg hatte das Wesen eines Vergnügens noch nicht erfasst, die rechte Erkenntnis davon hatte aber das Oberverwaltungsgericht. Ob die Richter dabei aus der eigenen Erfahrung ihrer Tanzstundenzeit geschöpft haben, die ihnen vielleicht kein Vergnügen bereitet hat, ist nicht bekannt. Jedenfalls kann man dem Tanzlehrer die Erleichterung nachfühlen, nicht noch eine Vergnügungssteuer entrichten zu müssen bei all dem Ärger, den er ohnehin schon mit ungelenken Tanzschülern gehabt hatte. Und schließlich konnte der Tanzlehrer stolz darauf sein, die Rechtsprechung um ein(e) Erkenntnis reicher gemacht zu haben, die schließlich in dem Leitsatz des OVG Oldenburg seinen Ausdruck fand:

„Ernsthafte Tanzlehrkurse eines Berufstanzlehrers in kleinen Ortschaften können nur dann als Vergnügen aufgefasst werden, wenn im Einzelfalle besondere Umstände dafür dargetan werden, dass der wesentliche Inhalt des Tanzlehrkurses nicht der Unterricht, sondern die ergötzende Unterhaltung ist" (Urteil des OVG Oldenburg, a. a. O.).

Sollte für Städte bzw. Großstädte etwas anderes gelten oder gegolten haben als für kleinere Ortschaften?

III. Von Schweinen

5. Der Eber und das Staatsministerium

Mitte des 19. Jahrhunderts wurde in der Gemeinde R. im Großherzogtum Oldenburg ein Zuchteber gehalten. Eigentümerin war die Gemeinde. Der Eber hatte alle Schweine in der Gemeinde zu decken. Von Jahr zu Jahr wechselte der Besitz des Zuchtebers: Jedes Gemeindemitglied musste den Eber ein Jahr lang unterbringen und versorgen. Die Reihenfolge der Eberhaltung war genau festgelegt. Im Jahre 1852 war der Einwohner D. dran, der vorher zwar Schweine gehalten hatte, in diesem Jahr aber nicht mehr und deshalb auch die Haltung des Ebers ablehnte. Mochten die Schweinehalter der Gemeinde doch sehen, woher sie einen Eber zum Decken nahmen, er brauchte ihn ja nicht! So überging man D. zunächst. Als er aber im Jahre 1857 wieder Schweine hielt, sollte er die Haltung des Ebers nachholen. D. weigerte sich mit der Begründung, die Reihe sei nicht an ihm. Der Gemeindevorstand ordnete daraufhin die Versorgung des Ebers bei einem anderen Gemeindemitglied an, aber auf Kosten von D.; außerdem wurde gegen ihn ein Verdingungsgeld festgesetzt. D. legte Beschwerde bei der Regierung und schließlich auch beim Oldenburgischen Staatsministerium ein. Dabei machte er zusätzlich geltend, das Halten eines Zuchtebers sei überhaupt nicht Gemeindesache. D. hatte keinen Erfolg mit seiner Beschwerde.

Das Staatsministerium entschied, die Haltung des Ebers sei sehr wohl Gemeindesache, wobei es sich auf Art. 132 der damals geltenden Gemeindeordnung berief. Etwas schwieriger tat es sich bei der Entscheidung, ob D. berechtigt gewesen sei, die Haltung des Ebers im Jahre 1852 abzulehnen, weil er damals keine Schweine hielt, für deren Glück der Eber da war, und ob auf D. im Jahre 1857 zurückgegriffen werden durfte, als er nun wieder Schweine hielt. Das Staatsministerium meinte:

„Auf die Stückzahl der Schweine, welche der einzelne, und ob er ständig oder nur zu Zeiten Schweine hält und in welchem Maße er vom Eber Gebrauch macht, darauf wird nicht gesehen, und in der That wird es auf alle diese Umstände auch nicht ankommen können, wenn es lediglich um die Frage sich handelt, ob ein Besitzer von Schweinen bei einem Institute betheiligt ist, welches für alle Schweinebesitzer von Interesse ist, von jedem benutzt werden kann; es würde an jedem brauchbaren Merkmale fehlen, wollte man hier an etwas Anderes, als lediglich an den Umstand sich halten, dass jemand Schweine hält oder zu halten pflegt. Wollte man darauf, ob ein Viehbesitzer auch wirklich in dem Jahre, in welchem ihn die Reihe trifft, Vieh halte, Gewicht legen, so würde es von der Willkühr des Verpflichteten abhängen, sich seiner Verpflichtung zu entziehen."

Das Staatsministerium rügte, dass D. nicht schon im Jahre 1852 vom Gemeindevorstand zur Erfüllung seiner Pflicht angehalten worden sei. Doch habe der Vorstand deswegen nicht sein Recht verloren, D. später noch „zur nachträglichen Erfüllung seiner rückständigen Leistung" anzuhalten.

Das klang alles sehr entschieden, erschien aber nicht gerade gerecht. Das Ministerium hatte auf die Möglichkeit der Benutzung des Zuchtebers als „Institut" abgestellt (vgl. heute noch Nieders. Kommunalabgabengesetz vom 8. 3. 1973, § 10 Abs. 2: „… und denen die Möglichkeit zur Benutzung der Einrichtung geboten wird").

Nur: Man musste eben Schwein(e) haben, um den Eber benutzen zu können. War einem Gemeindemitglied wirklich die Haltung des Ebers für ein Jahr zuzumuten, wenn es gar keine Schweine hielt – und auch in Zukunft keine halten wollte? Und war es nicht gerechter, die Dauer der Eberhaltung für ein einzelnes Mitglied von der Anzahl der von ihm gehaltenen Schweine abhängig zu machen? Schließlich hatte derjenige den größten Vorteil vom Eber, der die meisten Schweine besaß.

Dem Beamten im Oldenburgischen Staatsministerium müssen so ähnliche Gedanken gekommen sein; denn er gab zu bedenken, ob man in Zukunft, wie bisher, verfahren könne: Man könne geneigt sein – so das Staatsministerium – die Anzahl der gehaltenen Schweine einerseits und demzufolge die Benutzung des Ebers andererseits als Maßstab zu nehmen:

„Einem solchen Maßstabe scheint das Reihehalten sehr wenig zu entsprechen, weil dabei die Benutzung des Instituts (gemeint ist: der Gemeindeeber) durch den einzelnen nicht berücksichtigt werden kann und die Belästigung (gemeint ist wohl: Belastung) je nach den Umständen des einzelnen eine ganz verschiedene ist."

Aber der Ministerialbeamte dachte auch wieder praktisch: Es müsse bei dem „Reihehalten" verbleiben, solange keine andere, gerechtere Lösung gefunden sei – und es sei schwer, sie herbeizuführen: Auf freiwilliger Basis werde sich „oft niemand oder doch keine geeignete Persönlichkeit (!) finden, welche Lust (!) hätte, die Pflege und Unterhaltung (!) des Ebers zu übernehmen".

Das Gemeindemitglied D., das sich beschwerdeführend an das Oldenburgische Staatsministerium gewandt hatte, war diese „geeignete Persönlichkeit" offensichtlich nicht. Es ist nicht bekannt, ob sich in der Gemeinde R. nach dem Jahre 1857 nicht doch andere geeignete Persönlichkeiten gefunden haben, die den Gemeindeeber mit „Lust" unterhalten mochten, evtl. gegen Bezahlung aus der Gemeindekasse. Im Interesse einer ordnungsgemäßen Versorgung und der Leistungskraft des Gemeindeebers, aber auch zum Glück der Schweine, wäre es zu wünschen gewesen.

6 . Das schickliche Schwein

Im Sommer 1922 errichtete der Kaufmann X. aus Brake auf seinem Grundstück einen Schweinestall und hielt dort ein Schwein. Darüber beklagte sich der Nachbar, der Kaufmann Y., weil das in unmittelbarer Nähe des Stalles liegende Wohnzimmerfenster seines Hauses wegen des Geruchs und der Fliegen nun nicht mehr geöffnet werden könnte. Daraufhin erließ der Stadtmagistrat folgende Verfügung gegen den Kaufmann X.:

„Wie uns mitgeteilt wird, haben Sie in dem an der Nordseite Ihres Hauses gelegenen Schuppen einen Schweinekoven eingerichtet und ein Schwein in diesem untergebracht. Die nach § 13 der Baupolizeiordnung erforderliche Anweisung für diese Anlage haben Sie nicht eingeholt, auch kann die Haltung eines Schweines in unmittelbarer Näher anderer Wohnungen aus Gründen der Schicklichkeit und aus Gesundheitsrücksichten nicht gestattet werden. Sie werden daher aufgefordert, das Schwein bis zum 31. d. M. aus dem neu hergerichteten Stall zu entfernen, widrigenfalls von den Bestimmungen des § 47 des genannten Statuts Gebrauch gemacht wird."

Hiergegen klagte der Kaufmann X. beim Verwaltungsgericht Oldenburg. Er machte geltend, dass seit jeher Schweine in gleicher Entfernung von den Wohnung gehalten worden seien, die Unterbringung des Schweines in einem Schuppen sei üblich. Aus praktischen und aus Sicherheitsgründen befänden sich die Schweine fast allgemein in unmittelbarer Nähe von Wohnungen.

Demgegenüber warf die Stadt dem Kläger vor, er habe den vorhandenen Schuppen eigenmächtig in einen Schweinekoven umgebaut. Die dazu erforderliche Erlaubnis würde der Stadtmagistrat nicht erteilt haben. Im übrigen habe der Vorgänger des Klägers niemals ein Schwein gehalten; die Rücksicht auf die herrschenden Ernährungsschwierigkeiten (nach dem verlorenen 1. Weltkrieg) müsse zurücktreten gegenüber der Rücksicht auf die Gesundheit der Bevölkerung. Die von dem Schweinekoven ausgehenden Dünste und besonders die Fliegenplage wirkten auf die Gesundheit der Nachbarn ungünstig ein.

Das Verwaltungsgericht hob die Anordnung der Stadt auf, gab also dem Schweinehalter recht: In der heutigen Zeit der Teuerung würden vielfach in den Städten Schweine gehalten, auch in unmittelbarer Nähe von Wohnungen, auf Plätzen, die man in früheren Zeiten zur Haltung eines Schweines nicht für geeignet befunden hätte; dieser Notstand müsse berücksichtigt werden. Andererseits seien die Belästigungen nicht so erheblich, dass deswegen das Halten des Schweines zu verbieten sei, insbesondere könne nicht anerkannt werden, dass die Gesundheit des Nachbarn des Klägers infolge der vom Schweinestall ausgehenden Dünste Schaden nehmen könnte.

Dagegen legte die Stadt Berufung ein. Das OVG Oldenburg entschied wie die Vorinstanz und hob die Verfügung des Magistrats der Stadt Brake auf. – Es kam zunächst zu dem Ergebnis, dass die fehlende Erlaubnis für die Einrichtung eines Schweinestalles im Schuppen dem Stadtmagistrat noch nicht das Recht gebe, einzuscheiten, vielmehr frage es sich, ob ein sachlicher Grund für das Einschreiten vorliege. Dafür kämen zwei Gesichtspunkte in Betracht: der der „Schicklichkeit" und „Gesundheitsrücksichten" – Begriffe, die damals in der Satzung der Stadt Brake enthalten waren. Das OVG untersuchte zunächst den Begriff der „Schicklichkeit":

„Das Statut und die Verfügung des Stadtmagistrats enthalten keinen Anhalt dafür, was unter „Schicklichkeit" verstanden sein soll. Der Begriff umfaßt nach dem gewöhnlichen Sprachgebrauch „Ästhetik" und „Anstand". Soweit die Schicklichkeit in Ästhetik übergeht, ist sie jetzt durch das Gesetz für das Großherzogtum Oldenburg vom 11. Januar 1910 gegen die Verunstaltung von Ortschaften und landschaftlich hervorragenden Gegenden (…) erschöpfend geregelt (…)".

Schicklichkeit sei aber doch etwas anderes als Ästhetik:

„Soweit der Begriff Schicklichkeit im Sinne von Anstand, Sittlichkeit usw. gebraucht sein sollte, bedarf es im vorliegenden Fall keiner Untersuchung darüber, ob diese Gebiete nicht überhaupt nur dann in den Wirkungskreis der Polizei fallen, wenn das unanständige, unsittliche Verhalten zugleich eine Störung der öffentlichen Ruhe und Sicherheit und Ordnung oder eine dem Publikum oder einzelnen Mitgliedern desselben drohende Gefahr darstellt …".

Und nun folgen die geradezu klassischen Sätze:

„jedenfalls würde der § 13 im vorliegenden Falle nicht zur Anwendung kommen können, wo es sich nicht etwa um eine Eberdeckstation, sondern nur um ein Einzelschwein handelt. Denn die Tatsache eines Schweinestalles und eines seiner Natur nach schmutzigen und im Schmutz wühlenden Schweines kann auch bei weitestgehender Auslegung des Begriffes „Schicklichkeit" nicht als unschicklich bezeichnet werden."

Des weiteren hat das OVG den Begriff der Gesundheitsrücksichten geprüft: Einerseits rechtfertige noch nicht die entfernte Möglichkeit einer Gefahr ein polizeiliches Einschreiten, andererseits sei ein unmittelbar bevorstehendes, drohendes Ereignis nicht erforderlich. Im vorliegenden Falle habe der Sachverständige ausgeführt, dass sich im Kot der Schweine Paratyphuskeime befänden, die leicht von Fliegen herumgetragen würden; die Keime könnten schädlich wirken. Solche Schädigungen seien aber selten und auch kaum nachzuweisen, da die Fliegen aus anderen Ställen stammen könnten. Was den Geruch anbetreffe, so seien zumindest im Sommer üble Gerüche zu bemerken, die Unlustgefühle und Missstimmung hervorrufen könnten. Der Nachbar könne gehalten sein, sein Fenster deswegen geschlossen zu halten.

Nach diesen Ausführungen des Sachverständigen konstatiert das OVG Oldenburg: Die Gefahr der Übertragung von Paratyphuskeimen sei eine so fernliegende, dass sie bei der Beurteilung des vorliegenden Falles ausscheiden müsse, „zumal der Nachbar sich gegen das Eindringen von Fliegen durch Gitter schützen kann". Was die Erschwerung der Lüftung anbetreffe, so handele es sich nicht um eine Gefährdung, sondern um eine Belästigung, „gegen die einzuschreiten über die Kompetenzen der Polizei hinausgeht".

Damit war die Zukunft des Schweines, aber auch des Schweinehalters gesichert, der wegen der Ernährungs-Notlage nach dem 1. Weltkrieg wiederum auf das Schwein angewiesen zu sein schien.

Das schickliche Schwein.

IV. Erben kann zur Last werden

7. Das Schweinevermächtnis.

Im Jahre 1954 errichtete ein Landwirt aus der Wesermarsch ein Testament, in dem er seine Nichte zur Erbin einsetzte und weiter bestimmte:

„Meine Nichte hat ihrer Tante auf Lebenszeit im Herbst jeden Jahres ein Schwein mittlerer Art und Güte mit einem Gewicht von mindestens drei Zentnern unentgeltlich zu liefern."

Bald darauf verstarb der Landwirt. Er hatte bei Abfassung des Testaments offenbar die schlechte Ernährungslage zur Zeit des 2. Weltkrieges und in der ersten Nachkriegszeit im Auge. Schweinefleisch war damals sehr begehrt – und ein Schwein konnte nicht fett genug sein. Doch nachdem die Deutschen durchgefüttert waren, änderten sich die Ernährungsgewohnheiten bereits in den 50er Jahren sehr rasch: Schon bald war Fett nicht mehr gefragt – einige Deutsche neigten schon zu Übergewicht –, und die Schweine wurden immer magerer.

Unglücklicherweise verfiel die Tante schon Ende der 50er Jahren in Schwermut. Ihre Eltern hatten ihr einen Prinzen als Ehemann versprochen, der aber nicht kam. Die Tante wurde schließlich so gemütskrank, dass ihr ein Pfleger bestellt werden musste. Ob dieser nun von dem Testament nichts wusste oder meinte, die Tante sei auch ohne ein Drei-Zentner-Schwein das Jahr über ausreichend versorgt, ist nicht bekannt. Jedenfalls forderte er nie ein Schwein für seinen Pflegling an: weder ein Drei-Zentner-Schwein noch ein Mager-Schwein.

Der Pfleger starb im Jahr 1984 und es wurde ein neuer Pfleger bestellt, da sich der Zustand der Tante nach Auffassung des zuständigen Amtsarztes inzwischen nicht gebessert hatte. Verwandte meinten allerdings, sie sei geistig völlig gesund und nur unsagbar faul. – Der neue Pfleger stieß, als er die Akten durcharbeitete, auf das alte Testament aus dem Jahr 1954. Prompt forderte er von der Nichte für seinen Pflegling die „Testaments-Schweine" an. Inzwischen waren 31 Jahre seit dem Tode des Erblassers vergangen. Es wurden aber nun nicht 31 Schweine im Gewicht von mindestens 3 Zentnern beansprucht, sondern 56 Schweine mittlerer Art und Güte mit einem Mindestgewicht von 83 kg. Zur Grundlage wurde dafür eine Auskunft der zuständigen Landwirtschaftskammer genommen, wonach seinerzeit das durchschnittlicher Schlachtgewicht eines Schweines bei 83 kg lag. Der Kläger hatte das Gewicht von 31 Schweinen à 3 Ztr. mit 4650 kg errechnet: 83 kg = 56 Schweine.

Die mit dem Vermächtnis beschwerte Nichte wandte ein:

Zwar sei die 30-jährige Verjährungsfrist noch nicht verstrichen, aber:

Die Tante sei unterhaltsbedürftig gewesen, das in jedem Jahr zu liefernde Schwein habe ihrem Unterhalt dienen sollen; für die Vergangenheit könne aber kein Unterhalt verlangt werden („Die Zeit läßt sich nicht zurückdrehen"). Im übrigen sei der Erblasser ersichtlich davon ausgegangen, dass das Schwein jährlich vom ererbten Hof zu liefern sei, wo Schweine gehalten wurden; jedes Jahr seien aber die Schweine verkauft oder geschlachtet worden. Die Leistung des „jährlichen Schweines" sei für sie deshalb unmöglich. Sie habe doch nicht seit dem Tode des Erblassers Schweine auf dem Hof halten und alt werden lassen können – nur im Hinblick darauf, dass etwa nach Jahren oder Jahrzehnten die Tante noch einmal Schweine für die ganze zurückliegende Zeit anfordern (lassen) würde. Es sei auch nun einmal das Schicksal eines zum Verzehr bestimmten Hausschweines, dass es nicht älter werde als ein Jahr, von einem Zuchteber oder einer Zuchtsau einmal abgesehen, die aber nicht geschuldet würden. Dabei blieb offen, wie alt ein Schwein überhaupt werden kann.

Letztlich würden auf dem Hof der Nichte schon lange keine Drei-Zentner-Schweine mehr gemästet, aber auch der „Vorrat" an Schweinen im Gewicht bis zu gut 150 Pfund sei längst nicht mehr vorhanden.

Demgegenüber meinte der Pfleger, dass die sprichwörtliche „fette Sau" auch heute noch neben der allgemeinen (Massen-) Tierhaltung zum Zwecke der Vermarktung „nebenher" gehalten und als solche auch gehandelt würde; die „fette Sau" eigne sich heute wie auch früher „besonders gut zur Wurstherstellung". Deshalb beantragte er hilfsweise auch, die Nichte zu verurteilen, 31 Schweine mittlerer Art und Güte mit einem Mindestgewicht von 150 kg zu liefern.

Das Landgericht fällte daraufhin im Jahre 1985 ein salomonisches Urteil:

Es verurteilte die Nichte zur Lieferung von 31 Schweinen mittlerer Art und Güte mit einem Mindestgewicht von je 83 kg. – Dabei bemerkte es einleitend, dem Herrn Beklagtenvertreter sei zuzugestehen, dass kein normales deutsches Hausschwein so alt werde, dass die von ihm vertretene Beklagte noch 50er oder 60er Jahrgänge liefern könne. Das mache die Erfüllung des testamentarischen Vermächtnisses für die Nichte jedoch nicht unmöglich: Die Gattung „Deutsches Hausschwein" existiere nämlich noch, Schweine aus dieser Gattung würden noch geschuldet, „da eine Konkretisierung auf ein bestimmtes Tier zu keinem Zeitpunkt eingetreten ist". Bei der Zeitbestimmung im Testament („im Herbst jeden Jahres") handele es sich lediglich um eine Fälligkeitsregelung, die mit dem Geburtsdatum der Schweine nichts zu tun habe.

Und nun folgen die „klassischen" Sätze:

„Ebenso wie die Schweine muss sich jedoch das Testament den geänderten Verhältnissen anpassen. Das Vermächtnis ist dahin auszulegen, dass der Erblasser der Klägerin lediglich ein schlachtreifes Schwein zukommen lassen wollte. Die Festlegung auf mindestens drei Zentner bedeutete dabei lediglich die Verpflichtung der Beklagten, nicht auf Schweine unter dem damals in den 50er Jahren durchschnittlichen Schlachtgewicht auszuweichen. Eine absolute Gewichtsgrenze ist damit nicht gemeint, geschuldet wird vielmehr ein Schwein mit mindestens dem jeweils üblichen durchschnittlichen Schlachtgewicht eines Jahrgangs."

Die Klägerin müsse sich deshalb mit einem Schwein pro Jahr im heutigen, mittleren Schlachtgewicht bescheiden; insoweit greife „die Alters- bzw. Sterblichkeitseinrede der Beklagten". Das mittlere Schlachtgewicht nahm es – entsprechend der Auskunft der Landwirtschaftskammer – mit mindestens 83 kg an.

Das Landgericht war aber auch vorsichtig, da es die Zukunft nicht voraussehen konnte und bemerkte deshalb:

„Sollten sich die Schweine in Zukunft geändertem Verbraucherverhalten nach besser schmeckendem Schweinefleisch mit notwendigerweise höherem Fettgehalt und Schlachtgewicht anpassen, wäre die Klägerin auf § 323 ZPO verwiesen."

Das besagte, dass die Klägerin in Zukunft noch eine Abänderungsklage, je nach Entwicklung der Verbrauchergewohnheiten erheben konnte. Damit war für künftige Notzeiten sichergestellt, dass die Tante von ihrer Nichte auch wieder fettere Schweine bekam. – Das Urteil ist rechtskräftig geworden.

Was aber nicht im Urteil steht und darin auch nicht stehen konnte, ist das Folgende:

Der Nichte K. war die Vollstreckung angedroht. Dies, wie überhaupt der verlorene Prozess wurmte sie und sie schwor sich, L. solle ihren Spaß an den Schweinen haben. So bestellte sie bei einem Viehhändler 31 Schweine im Durchschnittsgewicht von 165 Pfund, wegen der hohen Stückzahl – im Dutzend waren sie schon billiger – zu einem Vorzugspreis. K. nannte auch gleich den Ort der Ablieferung, nämlich die Wohnung von L. Aber: Sie wolle bei der Ablieferung der Schweine dabei sein, das Schauspiel wolle sie sich nicht entgehen lassen. So fuhren denn beide – der Viehhändler und K. – mit 31 Schweinen auf einem Viehtransporter zu L. Als sie eintrafen, fragte der Viehhändler, wo die Schweine denn untergebracht werden sollten, es seien ja keine Stallungen da. K. meinte, sie müssten nur auf das Grundstück von L. verbracht werden. Nachdem K. sich überzeugt hatte, dass das Grundstück von L. rundherum eingezäunt war, wies sie den Viehhändler an, den Transporter rückwärts an die Gartenpforte heranzufahren und die Schweine über die herabgelassene Ladeklappe in den Garten laufen zu lassen. Der ungläubige Viehhändler besah sich den schönen Vorgarten und dachte: Schade drum. Doch K. hatte so energisch gesprochen, dass er tat, was ihm geheißen – und er öffnete die Gartenpforte.

Die 31 Schweine, eingepfercht im Transporter und nun in die Freiheit entlassen, ergossen sich förmlich in den Vorgarten, wühlten unter lautem Grunzen in den sorgfältig gepflegten Blumenbeeten, stürmten unter Quietschen aber auch neben und hinter das Haus. Eine Sau mit etwas Übergewicht stürzte sich in einen kleinen, naturnah angelegten Teich mit Goldfischen und Schilf, um sich zu suhlen. Dieses Treiben konnte auf die Dauer auch der Bewohnerin, Frau L., nicht verborgen bleiben, zumal das wohlige Grunzen und Quietschen immer lauter wurde, nachdem inzwischen eine ganze Rotte von Schweinen den Teich als Suhle entdeckt hatte und in ihn eingetaucht war. Andere Schweine machten sich unterdessen daran, den frisch gemähten Rasen zu untersuchen. L. sah zunächst nach hinten raus und dann nach vorn. – Was empfindet ein Mensch, der seinen gepflegten Garten nicht wiedererkennt, in dem 31 Schweine gewütet haben? Und dazu noch der Anblick der Schweine selbst, die in ihrem Zerstörungswerk unentwegt fortfuhren. – Das Wasser im Teich hatte sich unterdes dunkel gefärbt, Schilf schwamm zwischen zehn Schweinen, die sich in der braunen Brühe wohl taten. Von den Goldfischen war nichts mehr zu sehen. – Für Frau L. war dies alles zuviel. Sie fiel ohnmächtig hin – und da sonst niemand im Hause wohnte, schien die Schweinerei im Garten von Frau L. kein Ende nehmen zu wollen. Doch ein Nachbar, auch mit K. bekannt, hatte sich den Vorgang interessiert angesehen. Wann passiert es schon mal, dass gleich um dreißig Schweine im Nachbarsgarten abgeladen werden? Der Nachbar kam mit K. ins Gespräch, ließ sich den Sachverhalt kurz schildern und rief den Pfleger P. an. Dieser kam auch gleich angefahren, erweckte L. aus ihrer Ohnmacht, indem er ihr ungalanterweise einen Eimer Wasser über den Kopf schüttete und fragte K.: „Wohin mit den Schweinen?" K. antwortete, das sei wohl sein – des Pflegers – Problem; denn er habe schließlich das Vermächtnis eingeklagt. Da mischte sich auch der Viehhändler ein: Es sei natürlich kein Problem, die Schweine wieder einzufangen und abzutransportieren. Aber das koste was. Der Pfleger, froh über die sich anbahnende Lösung, aber unkundig der Schweinepreise, willigte auch gleich in den vom Viehhändler vorgeschlagenen Preis ein, zu dem dieser die Schweine einschließlich des Rücktransports übernehmen wollte. Der Schweinepreis lag um fast die Hälfte unter dem, was K. an den Viehhändler für den Einkauf bezahlt hatte – und er wurde weiter gedrückt um die Verlade- und Transportkosten. Als K. den Preis hörte und staunte, gab der Viehhändler ihr durch ein Augenzwinkern zu verstehen, dass es nicht ihr – K.'s – Schaden sein würde, wenn sie nur ruhig bleibe. K. ließ sich vom Pfleger noch schriftlich geben, dass sie die 31 Schweine ordnungsgemäß bei L. abgeliefert habe und jede Haftung wegen der von den Schweinen angerichteten Schäden am Grundstück von L. ausgeschlossen sei. Dann wurden die Schweine wieder nach vorne getrieben und auf den Transporter verladen. Unterdes waren zwei Stunden vom Ausladen der Schweine bis zum Wiedereinladen vergangen. In dieser Zeit hatten die Schweine im Garten „ganze Arbeit" geleistet. Wie man hörte, hat der Pfleger zur Neuanlage des Gartens einen Gärtner bestellen müssen, wobei der Erlös aus dem Rückkauf der 31 Schweine fast draufgegangen ist. – Die Nichte K. hatte eine besondere Freude: Der Viehhändler gab ihr nach dem günstigen Rückkauf der Schweine vom Pfleger die Hälfte des Kaufpreises zurück, den K. an ihn entrichtet hatte. Und die Schweine hatten einen schönen Ausflug. Wegen der vielen Bewegung im Garten von Frau L. hatten sie etwas abgenommen und mussten nun erst auf das alte Gewicht – und noch etwas darüber hinaus – gebracht werden. So verlief die „Schweinerei" doch noch zur allgemeinen Zufriedenheit: Die Nichte K. hatte den halben Schweinepreis wieder. Der Pfleger von L. war froh, die Schweine gleich wieder losgeworden zu sein. Der Viehhändler war allein schon durch den doppelten Transport auf seine Kosten gekommen. Die Tante L. hätte – in Erinnerung an die glückliche Jugendzeit auf dem elterlichen Hof – die Schweine am liebsten doch behalten. Aber ihr Pfleger hielt das für „ganz unsinnig". Alles in allem: „Schwein(e) gehabt".

8. Ein Bernhardiner namens Caesar.

T. kannte die alte Dame und ihren Hund Caesar, einen Bernhardiner. Sonnabends und sonntags, wenn T. zu Hause war, zogen sie an seinem Grundstück vorbei, immer auf gleicher Höhe und langsam. Dabei schien es, als wenn Caesar „Plattfüße" hatte; er lief auf den Ballen, seine Krallen waren hochgestellt. Gelegentlich kam T. mit der alten Dame über den Gartenzaun ins Gespräch. Sie sei allein und ihr Hund verwöhnt; er fresse nur Rinderherzen. Aber er sei lieb zu ihr. Er dürfe auch neben ihr im Bett an Stelle ihres längst verstorbenen Ehemannes schlafen. Sie wisse nicht, wem sie ihr Hausgrundstück vermachen solle. Und wer solle für Caesar sorgen, wenn sie einmal nicht mehr da sei? – T. tröstete sie: So rüstig wie sie sei, werde sie den Hund sicher überleben. Da fing die alte Dame zu weinen an, offenbar war ihr allein der Gedanke, sie könne ihren Hund überleben, unerträglich. – T. nahm sich vor, in Zukunft vorsichtiger mit seinen Äußerungen zu sein. Es schien ihm, dass die Dame auf den nächsten Gängen mit Caesar doch langsamer war als ihr Hund. Und dann blieb sie ganz weg. Kurz darauf sah T. die Todesanzeige in der Zeitung. Nachbarn hatten sie offenbar aufgegeben. Also hatte die alte Dame ihren Hund doch nicht überlebt. T. ging zum Haus der alten Dame. Es war alles verschlossen. Er ging zu einem Nachbarn, um sich zu erkundigen, wo Caesar verblieben sei. Der Nachbar war informiert: Eine Gemeindeschwester habe die alte Dame tot im Bett vorgefunden. Caesar habe sie bewacht und keinen Fremden herangelassen. Er habe nichts fressen wollen. Einmal habe er das Bett verlassen um zu saufen, da habe die Gemeindeschwester ihn im Anbau eingesperrt, um den Leichnam vom Bestattungsunternehmer abholen lassen zu können. Nun sei sie schon beerdigt, Gott sei ihrer Seele gnädig, setzte der offenbar fromme Nachbar hinzu. T. fragte, ob Caesar denn zu fressen habe? Ja, genug, aber er fresse nicht. Offenbar gehe ihm der Tod seiner Herrin sehr nahe, er sei schon ganz abgemagert, lange werde es mit ihm wohl auch nicht mehr dauern. Da fiel T. ein, dass Caesar nur Rinderherzen fresse. T. fragte den Nachbar, was Caesar denn zu fressen bekomme. Der Nachbar: „Chappi". – Das war sicher nichts für Caesar. T. berichtete dem Nachbarn von seiner Unterhaltung mit der alten Dame. Beide beschlossen, sofort Rinderherzen einzukaufen. Die waren teuer. Der Nachbar hatte die Schlüssel, auch zum Anbau. Beide gingen hinein. Caesar knurrte erst und fletschte sie an. Also Vorsicht! So lieb, wie ihn die alte Dame geschildert hatte, war Caesar doch wohl nicht, jedenfalls nicht zu ihnen. Sie warfen ihm die Rinderherzen hin. Caesar stürzte sich darauf und fraß, fraß, fraß. Er war dünn geworden, tagelang hatte er schon nicht mehr gefressen. Aber nun hatte er einen dicken Bauch und legte sich gleich zum Schlafen nieder. Der Nachbar berichtete, dass die alte Dame und Caesar ganz für sich gelebt hätten, Besuche hätten sie nicht gehabt, außer von der Gemeindeschwester, einer Diakonisse. Die alte Dame habe keinen Schritt ohne Caesar gemacht – und umgekehrt. Aber was solle nun mit Caesar geschehen? Der Nachbar äußerte, die Diakonisse habe ein Testament vorgefunden. Das Hausgrundstück sei dem Diakonissenhaus vermacht, die Diakonissen sollten auch für den Hund sorgen. Übrigens sei ein Nachbar – aber nicht er – zum Testamentsvollstrecker ernannt. Näheres wisse sicher die Diakonisse. T. war neugierig, zudem war er tierlieb. Für den Hund, die treue Seele der alten Dame, musste gesorgt werden. So rief er bei der Diakonisse an: Ja, der Nachbar habe ihn richtig informiert. Ob er einen T. kenne? Ja, der sei er. Die Diakonisse: Dann sei er ja der Testamentsvollstrecker. T. hatte so etwas noch nie gemacht. Wo er sich da erkundigen könne? Die Diakonisse: Beim Amtsgericht, da bekomme er auch sein Zeugnis. T.: Was denn mit Caesar werden solle? Die Diakonisse: Sie habe schon mit Bekannten gesprochen, die holten ihn noch heute ab. Sie gehe mit, ihr tue Caesar nichts, sie kenne ihn ja von früher. T., der die Testamentsvollstreckung als unbekannte Last empfand, war nun doch schon etwas erleichtert: Um Caesar brauchte er sich also nicht zu sorgen.

Am nächsten Tage sprach er beim Amtsgericht vor, erledigte die Formalitäten und ließ sich über seine Pflichten als Testamentsvollstrecker belehren. Außer dem Testamentsvollstreckerzeugnis wurde ihm eine Abschrift des Testaments ausgehändigt. Darin stand:

„Der Testamentsvollstrecker soll dafür sorgen, dass Caesar in liebevolle Pflege kommt. Es soll Ihm an nichts fehlen."

Das „Ihm" bezog T. auf Caesar, trotz des großen Anfangsbuchstabens, und nicht auf sich. T. ließ sich von der Diakonisse die Anschrift des jetzigen Besitzers von Caesar geben und ging dorthin. Für seine Begriffe brauchte Caesar zwar nicht, wie bei seiner verstorbenen Herrin, im Bett zu liegen; aber was er vorfand, entsprach doch nicht seinen Vorstellungen von einer liebevollen Pflege: Caesar war in eine zugige Scheune eingesperrt worden. Unnötigerweise hatte man ihn auch noch an eine Kette gelegt. So knurrte Caesar jeden an, der ihm nahe kam. Und wie stand es mit dem Fressen? Der Besitzer: Caesar sei erst zwei Tage da und müsse sich noch eingewöhnen; er habe noch nichts gefressen. T.: Ob er Rinderherzen bekommen habe? – Rinderherzen? Nein. – T. veranlasste, dass sofort Rinderherzen geholt wurden. Caesar stürzte sich darauf, wie beim ersten Mal, gierig fraß er. T. informierte den Besitzer, dass Caesar nur Rinderherzen fresse. Der Besitzer: Das könne aber ein teurer Hund werden. Darauf T.: Wie viel er – der Besitzer – denn für Caesar zahlen wolle? Der Besitzer: Zahlen, er zahlen? Da könne man ja nur lachen. Er wolle natürlich etwas haben, wenn er einen solchen teuren Hund in Pflege nehme, mindestens 20.000,00 DM. Außerdem: Der Hund sei ja keine Schönheit, er laufe wie Charly Chaplin in zu großen Schuhen. Man könne sich ja gar nicht mit ihm sehen lassen. – T. hatte nicht den Eindruck, dass der jetzige Besitzer von Caesar tierlieb sei. Eine „liebevolle Pflege" konnte der Hund hier nicht erwarten. Außerdem: 20.000,00 DM! T. hatte die Vorstellung, dass jemand für einen Hund auch bezahlen müsse. Nun solle er aus dem Nachlass noch dazuzahlen. Als er dies dem Besitzer verwundert sagte, meinte der: Wenn der Hund nur Rinderherzen fresse, könne er – der Besitzer – ja noch arm dabei werden, auch wenn er zunächst 20.000,00 DM kriege. Im übrigen könne der Hund sehr alt werden, er sei jetzt erst drei Jahre alt. T. dachte: Bei dem Besitzer wird der Hund nicht alt – und sagte, dann solle der Besitzer den Hund man wieder hergeben, er wolle natürlich nicht, dass dieser arm dabei werde. Das lehnte der Besitzer indes kategorisch ab: Die Diakonisse habe ihm den Hund gegeben. Es nützte nichts, dass T. sagte, e r habe als Testamentsvollstrecker über den Verbleib des Hundes zu befinden. Der Besitzer blieb bei seinem „Nein", den Hund herauszugeben; er wolle 20.000,00 DM dazu haben, mindestens.

So zog T. wieder ab und sprach erst einmal mit dem Diakonissenvorstand und der Diakonisse, die Caesar fortgegeben hatte. Sie sagte, sie habe den Hund dem Besitzer nur vorläufig in Verwahrung gegeben. Der Vorstand der Diakonissen beschloss auf einer eigens einberufenen Sitzung: Caesar muss da weg, dem Testament müsse Genüge getan werden. Er solle in liebevolle Pflege gegeben werden, aber wo? T. fragte in seinem Bekanntenkreis herum. Längst hatte er die Hoffnung aufgegeben, für Caesar noch Geld zu bekommen oder ihn ohne Geld loszuwerden. Die Angebote lagen bei 15.000,00, schließlich bei 10.000,00 DM, wurden aber noch um ein paar tausend DM erhöht, wenn T. sagte, der Hund fresse nur Rinderherzen. Schließlich fand sich jemand, der tierlieb war, über gute Beziehungen zu einer Schlachterei verfügte und – nur – 3.000,00 DM dazu haben wollte. Das war T.'s Mann. Also schrieb er einen freundlichen Brief an den gegenwärtigen Besitzer, er möge den Hund doch herausgeben. Die Antwort: Das komme gar nicht in Frage, er habe seinen Pastor eingeschaltet. Pastor? T. sah keinen Zusammenhang, bis er einen Anruf vom Vorstandsvorsitzenden der Diakonissen bekam, einem Oberkirchenrat: Ob man den Hund nicht beim Besitzer lassen könne; dieser gehöre dem Vorstand der Kirchengemeinde O. an, dessen Pastor fürchte nun um den Rücktritt des Hundebesitzers als Kirchenvorstand. Schließlich bekämen die Diakonissen doch genug: Das ganze Hausgrundstück sei ihnen ja zugefallen.

T. ging mit sich ins Gewissen. Schließlich war es ja nicht sein Geld, sondern das der Diakonissen, das für Caesar draufgezahlt wurde. Aber wie konnte er es verantworten, Caesar bei dem wenig tierlieben Besitzer zu lassen, der offensichtlich nur aufs Geld aus war? Und musste er als Testamentsvollstrecker nicht die Entscheidung treffen, auch wenn die Diakonissen mit ihrem Vorstand weich würden? Sein Entschluss stand fest, Caesar musste da raus und in gute Hände. Da er seine Möglichkeiten als erschöpft ansah, nahm er sich einen Anwalt. Dieser schrieb nachdrücklich an den Besitzer, er möge den Hund bis dann und dann herausgeben, sonst werde er verklagt. Darauf kamen gleich zwei Anrufe beim Anwalt: Der Pastor des Besitzers und der Oberkirchenrat der Diakonissen baten beide, nicht zu klagen, der Besitzer trete dann nicht nur als Kirchenvorstand ab, er trete auch aus der Kirche aus. Der Anwalt: Na und, lege man etwa Wert auf einen solchen Mann als Gemeindemitglied? Er – der Anwalt – würde ihn schon als Kirchenvorstand abberufen haben. — Die Verärgerung war nun allgemein, die dem Besitzer gesetzte Herausgabefrist abgelaufen. Der Anwalt bereitete die Klage vor. Der unglückliche Testamentsvollstrecker T. unternahm noch einen letzten, wohlgemeinten Versuch auf eigene Faust: Er schickte den 3.000,00 DM-Mann zum Besitzer, um Caesar kurzerhand abholen zu lassen. Dieser kam jedoch unverrichteter Dinge zurück: Der Besitzer hatte Caesar auf den Mann gehetzt, so dass dieser schnell flüchtete. Dann meldete sich auch noch ein Verwandter des Besitzers – ein Staatsanwalt. Er habe von der Geschichte gehört, das sei ja eine vertrakte Sache, die Rechtslage beurteile er ähnlich wie der Anwalt, ob man sich nicht verständigen könne. Der Anwalt: Wie denn?, der Hund müsse rausgegeben werden. Anwalt und Staatsanwalt handelten schließlich einen Kompromiss aus: Caesar wird rausgegeben. Der Besitzer bekommt für die wenig liebevolle Pflege bis zur Rückgabe 3.000,00 DM – und dieser bleibt in der Kirche und im Kirchenvorstand. Dafür stockten die Diakonissen im Einvernehmen mit dem Testamentsvollstrecker T. die Vergütung für den neuen Besitzer auf 6.000,00 DM auf; denn es erschien unbillig, jemand für vier Wochen Pflege dasselbe zu geben wie dem, der Caesar für den Rest seines Lebens betreuen sollte. So schien für Caesar eine glückliche Zukunft gesichert. Es schien zunächst so. Caesar traf zwar beim neuen Besitzer wohlbehalten ein. Bei der ersten, sich bietenden Gelegenheit nahm er jedoch reißaus und lief in Richtung der Ortschaft seiner früheren Herrin auf und davon. Er traf auch auf dem Grundstück seiner früheren Herrin ein. Über 15 km war er gelaufen. Das war Hundetreue! Dabei hatte er es gut beim neuen Besitzer. Caesar wurde zurückgebracht. Danach unternahm er noch einen Ausreißversuch. Hierbei muss Caesar aber wohl die Orientierung verloren haben. Nach langem Suchen wurde er schließlich im Moor gefunden und wieder zurückgebracht. Nun blieb er, offenbar hatte er sich an das neue zu Hause gewöhnt, wohlversorgt mit Rinderherzen. Nur die Dorfkinder neckten ihn gelegentlich wegen seines Charly-Chaplin-Ganges. Alle, die mit ihm zu tun gehabt hatten, konnte zufrieden sein: Die Diakonissen hatten das wertvolle Hausgrundstück geerbt, die Geistlichkeit behielt ihr Kirchenmitglied als Vorstand, der sicher in seinem Leben mit einem Hund in vier

Wochen noch keine 3.000,00 DM verdient hatte. Und schließlich war auch T. mit der Lösung zufrieden: Caesar hatte die testamentarisch angeordnete „liebevolle Pflege" bekommen. Aber T. hatte auch dazugelernt: Auf dieser Welt hat alles seinen Preis und man kann durchaus in eine Lage kommen, wo man für einen Hund nichts bekommt, sondern noch draufzahlen muss.

Gelegentlich träumt T., er müsse einen Hund kostenlos in Pflege geben, könne aber niemanden dafür finden. Immer, wenn er fragt, werden Geldforderungen gestellt und immer höher geschraubt. Ein Albtraum. Einmal steht Caesar bei den Verhandlungen daneben. Er blickt sehr traurig. Am Ende löst er sich. Heraus kommen hunderte von 5,00 DM-Stücken. Es hört gar nicht mehr auf, wie bei Sterntaler oder beim Dukatenesel. T. ist erlöst. Caesar hat selbst für seine glückliche Zukunft gesorgt.

V. Von der Jagd

9. Der Rubel muss rollen, der Daumen muss ab.

Um den einstigen Versicherungsvertreter N. stand es finanziell nicht gut: Er war von der Versicherung entlassen worden, undurchsichtiger Geschäfte wegen. Nun war er arbeitslos, machte mal dies und mal das – schwarz natürlich. Das Haus der Familie, in besseren Zeiten errichtet, aber noch mit Grundpfandrechten belastet, stand zur Zwangsversteigerung an.

N. hatte bei dem Versicherungsunternehmen, für das er früher tätig war, eine Unfallversicherung über eine hohe Summe abgeschlossen. Er wusste Bescheid: Nach der sogenannten Gliedertaxe standen ihm 80.000,00 DM zu, wenn er den Daumen durch einen Unfall verlor. War da nicht etwas zu machen?

N. war Mitjäger in einem Revier, an dessen Rand sein Haus lag. Er durfte Raubzeug und Raubwild schießen. Eines Tages war der Daumen von N. ab. Er schilderte der Versicherung im Fragebogen genau, was passiert war: Er habe einen Fuchs angepirscht, der auf einer Wiese mäuselte. Aus einer Deckung heraus habe er auf den Fuchs schießen wollen. Beim Durchschreiten der Deckung sei er über einen Baumstumpf gestolpert und seine Flinte sei plötzlich losgegangen. Die Schrotladung habe seinen Daumen abgerissen. – Ob das Gewehr beim Anpirschen noch gesichert oder entsichert war, wisse er nicht mehr. Zeugen für den Vorgang habe er nicht.

Die Versicherung war skeptisch, nicht nur wegen der undurchsichtigen Geschäfte, die zur Entlassung von N. als Versicherungsvertreter geführt hatten. Ihr kam die ganze Sache nicht geheuer vor – und so kam es zum Rechtsstreit. – Die erste Instanz machte einen kurzen Prozess: Beweise brauchten nicht erhoben zu werden, den Umständen nach sei davon auszugehen, dass N. sich selbst verstümmelt habe.

Die zweite Instanz sah das zunächst anders: Die Versicherung müsse beweisen, dass N. sich selbst den Daumen abgeschossen habe, d. h. bewusst. Wie das – wo kein Zeuge da war?

Auf Antrag des Anwalts der Versicherung wurde ein Kreisjägermeister als Jagdkundiger und ein Schießsachverständiger beauftragt, ein Gutachten am Tatort zu erstatten, wohin sich das Gericht zwecks Augenscheinseinnahme begeben hatte. Der Jagdsachverständige hielt es für unwahrscheinlich, dass N. so vorgegangen sei, wie von ihm geschildert: Er hätte dann nämlich erst ohne Deckung am Rande der Wiese pirschen müssen, um in die Deckung zu kommen; der Fuchs hätte dabei sicher Witterung von ihm bekommen und wäre längst weg gewesen, bevor N. die Deckung erreichte.

Der Schießsachverständige schließlich ließ sich von N. vorführen, wie er die Flinte gehalten hatte und gestürzt war. Sein Gutachten ging dahin: Es bestehe eine Wahrscheinlichkeit von 1 zu 3000, dass sich der Unfall so, wie von N. geschildert, zugetragen habe. Die Mündung des Laufes müsse unmittelbar vor dem Daumen gestanden haben, als der Schuss – während N. stolperte – losging; bei nur geringfügiger Abweichung hätten sich Schmauchspuren an den anderen Fingern und der Hand finden müssen, wenn nicht sogar Verletzungen von Schrotkörnern. Solche Spuren aber waren nicht vorhanden.

Die zweite Instanz war immer noch skeptisch, ob eine mehr oder minder große Wahrscheinlichkeit für die Überzeugung ausreiche, N. habe sich die Verletzung selbst zugefügt. – Die Versicherung hatte sich auf die anders beurteilte Beweislage in zweiter Instanz auf Anraten ihres Anwalts eingestellt und recherchiert. Sie hatte dabei einen Zeugen ausfindig gemacht, der von einem Wirtshausgespräch berichtete. N. hatte dort, bevor er den Daumen verlor, in angeheiterter Stimmung geäußert:

„Der Rubel muss rollen, der Daumen muss ab."

Er, der Zeuge, habe erst nicht gewusst, was N. damit meinte – bis er von dem Unfall gehört habe; da habe er sich doch etwas dabei gedacht.

Dasselbe dachte nun auch das Gericht, nachdem es den Zeugen über das Wirtshausgespräch vernommen hatte. Es war jetzt doch überzeugt, dass N. sich den Daumen selbst abgeschossen hatte.

Für N. war es keine vergnügliche Geschichte. Der von ihm schließlich noch angerufene Bundesgerichtshof nahm seine Revision mangels Aussichtslosigkeit gar nicht erst an. N. bekam nun nicht nur das erhoffte Geld nicht, ihm wurden auch noch hohe Prozesskosten auferlegt, die er jedoch nicht zahlen konnte. Seinen Daumen war er für immer los. Und in Jägerkreisen war er natürlich erledigt. – Hätte er sich im Wirtshaus nicht so töricht geäußert – wer weiß, ob ihm das Gericht in zweiter Instanz nicht doch noch die 80.000,00 DM zugesprochen hätte. Für die Richter erster Instanz und die Versicherung war es eine Genugtuung, sich im rechtskräftigen Urteil der höheren Instanz bestätigt zu finden.

10. Der Gänsegeier, den man für (k)einen Seeadler hielt.

Landwirt M. besaß einen schönen, stolzen Hof im Artland. Wie sich das im Nordwesten gehört, standen alte Eichen um das Hofgebäude herum und auf dem Dach befand sich ein Storchennest. Es war Sommer und Mittagszeit. Ein Storchenpaar fütterte zwei Jungstörche im Nest. Ruhe herrschte in der Mittagshitze. In diese Idylle kam plötzlich aus heiterem Himmel ein großer Vogel geflogen und setzte sich auf einen Ast in einem der Eichbäume direkt gegenüber dem Storchennest. Der Landwirt M., der auch Jäger war, sah dies, holte sein Gewehr aus dem Schrank und schoss den großen Vogel ab. Er brachte ihn zu einem Präparator nach Bremen.

Nach einigen Wochen bekam der Landwirt M. einen Anruf von dem Besitzer eines Adlerhorstes im südlichen Niedersachsen. Ob er – der Landwirt M. – seinen Geier abgeschossen habe? Wenn ja, würde das sehr teuer für ihn. Sein Geier sei berühmt; er habe im Film „Geier-Wally" die Hauptrolle gespielt. Zahlreiche Angebote vom Fernsehen lägen vor. Sein Geier sei zahm. Er sei zwar schon bis zur Küste raufgeflogen, aber immer zurückgekehrt. Nun hätten seine landesweit angestellten, mühsamen Nachforschungen ergeben, dass eben der Landwirt M. seinen Vogel abgeschossen habe. Das würde ein teurer Spaß für ihn.

M. war ganz betroffen und gab zu, den Vogel abgeschossen zu haben. Im übrigen würde er seine Haftpflichtversicherung informieren und auch einen Anwalt befragen. Das tat M. auch. Da aber in der Folgezeit niemand dem Adlerhorstbesitzer antwortete, erhob dieser eine Klage auf Zahlung von Schadensersatz in Höhe von 150.000,00 DM gegen M. Begründung: M. habe seinen berühmten Geier widerrechtlich und schuldhaft abgeschossen. Der Geier sei nicht herrenlos gewesen; er habe ja die Gewohnheit nie abgelegt, von seinen Ausflügen in den Nordwesten zum Horst zurückzukehren. M. habe auch schuldhaft gehandelt; denn als Jäger habe er gewusst, zumindest wissen müssen, dass es sich bei dem Vogel um nicht jagdbares Wild, eben einen Geier, und zwar einen Gänsegeier, gehandelt habe.

Ob der Höhe des Streitwertes wurden nun M. und seine Haftpflichtversicherung doch wach. Sie ließen durch ihren Anwalt vortragen: M. habe den Gänsegeier als Seeadler angesprochen. Seeadler kämen auch gelegentlich von der Küste bis ins Artland. Auf die Schussentfernung von ca. 30 m könne ein Jäger einen Gänsegeier für einen Seeadler halten. Zwar dürften auch Seeadler nicht geschossen werden, aber es habe einen Angriff des „Seeadlers", eines Raubvogels, auf die Störche von M. (wörtlich „seine Störche") unmittelbar bevorgestanden und dieser Angriff habe abgewehrt werden müssen. – Das Gericht folgte dieser Einlassung und erhob Beweis darüber, ob ein Jäger einen Seeadler mit einem Gänsegeier verwechseln könne. Dazu wurde ein Sachverständiger von einer Forsthochschule gehört. Der Adlerhorstbesitzer, der außer Geiern auch Adler hielt, hatte zum Termin vor dem Gericht seine ganze Horstbesatzung mitgebracht und auf dem Innenhof des Gerichts aufgeblockt. Das Gerichtspersonal hing ob des seltenen Schauspiels aus den Fenstern. Deutlich hoben sich die Seeadler mit ihrer stolzen Haltung von den gebückten, krummhalsigen Gänsegeiern ab. So schien der Prozess für M. verloren. Aber sein Anwalt machte geltend, dass M. ja nicht einen Gänsegeier neben einem Seeadler vor sich gehabt habe, sondern eben nur einen großen Vogel. Und zur Freude des Anwalts und von M. erklärte dann auch der Sachverständige, dass ein Jäger durchaus auf eine Schussentfernung von ca. 30 m einen Gänsegeier mit einem Seeadler verwechseln könne. – Es nützte nichts, dass der Gegenanwalt, der selbst Jäger war, den Sachverständigen scharf angriff und sogar beleidigend wurde, indem er ihn, der einen Doppelnamen „Müller-…" trug, „Müller-Unsinn" nannte. Der Sachverständige blieb bei seiner Aussage.

So glaubten M. und sein Anwalt dann auch an einen sicheren Sieg, nachdem das Gericht hatte erkennen lassen, dass man M. wohl eine Art Nothilfe zu Gunsten der Störche zugute halten müsse, wenn er den – vermeintlichen – Seeadler abschoss.

Aber dann kam doch noch eine Wende, nachdem die mündliche Verhandlung vor dem Gericht bereits geschlossen war: Der Adlerhorstbesitzer war der Angabe von M. nachgegangen, er habe den großen Vogel zum Präparator nach Bremen gebracht. Und siehe da, der Präparator berichtete, M. sei mit dem „großen Vogel" zu ihm gekommen und habe zunächst einmal gefragt, was er da für einen Vogel geschossen habe. Als er ihm gesagt habe, das sei ein Gänsegeier, den man doch nicht schießen dürfe, habe M. gemeint, eine solche Gelegenheit habe man doch nur einmal im Leben, wann komme einem als Jäger schon mal ein so großer Vogel vor die Flinte. Und so sagte der Präparator auch vor Gericht aus, nachdem dies die mündliche Verhandlung wiedereröffnet hatte.

Da brach nun das ganze Verteidigungsgebäude von M. und seines Anwalts zusammen, der einen Gänsegeier zum raublustigen Seeadler hochstilisiert hatte, welcher über die Störche hatte herfallen wollen. Kleinlaut musste der zum Termin geladene M. auf Befragen des Gerichts auch zugeben, dass der Gänsegeier gar keine Anstalten gemacht hatte, die Störche anzugreifen. Er hatte nur sehnsüchtig zu den sehr viel kleineren Vögeln rübergesehen, wohl um etwas Anschluss zu bekommen, sich aber nicht weiter herangetraut. Und schließlich gab M. auf Nachfrage des Gerichts auch an, dass die Störche sich

gar nicht ängstlich gezeigt hätten, das Elternpaar vielmehr ruhig in der Fütterung der Jungen fortgefahren sei.

Entsprechend fiel dann auch das Urteil aus: M. wurde dem Grunde nach zum Schadensersatz verurteilt, allerdings nicht in vollem Umfange. Dem Adlerhorstbesitzer wurde 1/4 Mitverschulden angelastet, weil er seinen Gänsegeier frei über die Landschaft habe fliegen lassen, ohne in Zeitungsveröffentlichungen im Nordwesten hierauf aufmerksam gemacht zu haben.

Das Grundurteil wurde rechtskräftig. Nun wurde über die Höhe weiter gestritten. Der Kläger wiederholte, sein Gänsegeier sei einmalig auf der Welt; er sei gelehrig und ganz zahm. Andere Geier, die er halte, bissen gelegentlich, man könne sie deshalb auch nicht beim Film oder Fernsehen verwenden. Eine große Zukunft habe vor dem Gänsegeier gelegen, der erst sieben Jahre alt gewesen sei und „uralt" habe werden können. Dabei blieb umstritten, wie alt Gänsegeier überhaupt werden. – M. entgegnete durch seinen Anwalt: Wenn der Geier im Film „Geier-Wally" mitgewirkt habe, dann läge die Zukunft schon hinter ihm; denn nach dem Film sei das Publikum nicht erpicht darauf, so etwas noch einmal zu sehen. Im übrigen habe der Geier die Hauptdarstellerin gebissen, er sei also nicht zahm gewesen. Beweis: Zeugnis der Filmschauspielerin Barbara R.

Das Gericht ging diesen und anderen Beweisanträgen nicht mehr nach. Es konzedierte dem Kläger, dass der Geier wohl in einem Tierfilm noch hätte auftreten und einiges Honorar hätte einspielen können. Dagegen stünden

aber die nicht unerheblichen Futter- und Wartungskosten, die nun einge-
spart seien und im Wege der Vorteilsausgleichung berücksichtigt werden
müssten. Alles in allem sei der Schaden auf 40.000,00 DM zu beziffern. Bei
1/4 Mitverschulden verblieben somit noch 30.000,00 DM. Der Kläger, der
150.000,00 DM eingeklagt hatte, musste 4/5 der Kosten tragen, M. 1/5.
Von den zugesprochenen 30.000,00 DM blieben für den Kläger danach
nicht mehr viel übrig.

Der klagende Adlerhorstbesitzer wollte den – inzwischen ausgestopften –
Gänsegeier nicht haben, um nicht an den relativ schlechten Prozessausgang
erinnert zu werden. Der Landwirt M. behielt den ausgestopften Gänsegeier
gern und stellte ihn in seinem Jagdzimmer auf. Die Urteilssumme und die
anteiligen Kosten zahlte seine Haftpflichtversicherung. M. selbst führte seinen Gästen den berühmten Gänsegeier aus dem Film „Geier-Wally" vor, ver-
schwieg ihnen allerdings, wie er zu dem „großen Vogel" gekommen war. Mit
Ruhm hatte sich M. als Jäger wahrlich nicht bekleckert.

VI. Vom Mahlen und Müller

11. Darf der Müller sonntags mahlen?

Sonn- und Feiertage waren in Oldenburg seit langem besonders geschützt. So bestimmte die Sonn- und Feiertagsordnung vom 3. Mai 1856:

> „An Sonntagen ist während der Zeit des Hauptgottesdienstes das Arbeiten auf dem Felde und überhaupt außerhalb des Hauses, ferner jede geräuschvolle Arbeit innerhalb der Wohnungen oder sonstigen Gebäude nicht gestattet. Fälle der Noth oder Dringlichkeit allein ausgenommen."

Das Gesetz für das Herzogtum Oldenburg über die Sonn- und Feiertage vom 16. März 1908 beschränkte den Schutz nicht auf die Zeit des Hauptgottesdienstes:

> „An Sonn- und allgemeinen Feiertagen sind alle öffentlich bemerkbaren Arbeiten sowie alle geräuschvollen Arbeiten in den Häusern und Betriebsstätten verboten."

Von diesem Grundsatz gab es allerdings Ausnahmen. Auch waren von dem Verbot ganze Bereiche ausgenommen wie der Eisenbahn- und Personen-Schifffahrtsverkehr, der Reichspostverkehr sowie die „Gast- und Schenkwirtschaftsgewerbe". Noch das Niedersächsische Gesetz über die Feiertage vom 29. April 1969 bestimmt in § 3:

> „Die Sonntage und die staatlich anerkannten Feiertage sind Tage allgemeiner Arbeitsruhe."

Und in § 4 kehrt der alte Grundsatz wieder:

> „Öffentlich bemerkbare Handlungen, die die äußere Ruhe stören oder dem Wesen der Sonn- und Feiertage widersprechen, sind verboten."

Was nun speziell den Betrieb von Windmühlen im Oldenburgischen anbetrifft, so hatte schon eine aus der dänischen Zeit stammende Verordnung von 1736 „wegen gebührender Heiligung der Sonn- und anderen Festtage" bestimmt:

> „So ist auch ferner unser ... Wille und Befehl, daß an Sonn-, Fest-, Buß- und Feiertagen ... die Mühlen ohne äußerste Noth nicht mahlen."

Dennoch mahlte ein Müller im Jahre 1878 an einem Sonntag während der Zeit des Gottesdienstes. Darauf kam er wegen Störung der Sonntagsruhe vor Gericht. Das Amtsgericht stellte fest, dass der Müller während des Gottesdienstes seine Windmühle in Gang gehalten und hatte arbeiten lassen. Dennoch sprach es ihn frei, weil nicht erwiesen sei, „daß die Thätigkeit im vorliegenden Falle Geräusch verursacht habe"; außerdem stellten die Umdrehungen der Mühlenflügel nicht ein Arbeiten außerhalb des Hauses dar (vgl. „Zeitschrift für Verwaltungs- und Rechtspflege im Großherzogthum Oldenburg", Band 5, S. 207–209). Dies war allerdings eine knifflige Frage. Das Gesetz vom 3. Mai 1856 verbot grundsätzlich Arbeiten außerhalb eines Hauses und geräuschvolle Arbeiten innerhalb eines Gebäudes. Innerhalb der Mühle wurde zwar das Mahlwerk in Gang gesetzt, die Geräusche entstanden aber – wenn überhaupt – eher durch das Drehen der Mühlenflügel und weniger durch den Mahlgang innerhalb der Mühle, da die durch ihn verursachten Geräusche allenfalls gedämpft nach außen drangen.

Das damals noch existierende Oberappellationsgericht Oldenburg (es bestand noch bis 1879; vgl. Verf. in „175 Jahre Oberlandesgericht Oldenburg", 1989, S. 15–42) hatte in einer seiner letzten Entscheidungen Gelegenheit, sich mit dem „Mühlenfall" zu befassen. Es befand:

> „Der Artikel 2 der Sonn- und Festtagsordnung verfolgt den Zweck, während einer bestimmten Zeit öffentlich bemerkbare und geräuschvolle Arbeiten, weil sie die äußere Heilighaltung der Sonn- und Festtage überhaupt beeinträchtigen, zu untersagen …"

Es rechnete das „Inganghalten und Arbeitenlassen einer Windmühle" zu den geräuschvollen Arbeiten:

> „Ob diese Arbeiten im Einzelfalle etwas mehr oder minder Geräusch verursachen, ob dasselbe im konkreten Falle dem Publikum bemerkbar und wahrnehmbar geworden ist oder nicht, oder ob es z. B. wegen der vollständig isolierten Belegenheit der betreffenden Gebäulichkeit überhaupt nicht bemerkbar werden konnte, ist nicht von entscheidender Wirkung und kann nach dem erkennbaren Zweck des Gesetzes nicht zur Bedingung der Strafbarkeit gemacht werden."

Es zählte sodann „die Umdrehungen der Mühlenflügel" zu den Arbeiten außerhalb des Hauses im Sinne des Gesetzes; „die äußerlich öffentliche Bemerkbarkeit, das öffentliche Sichtbarwerden der Arbeit bildet das entscheidende Kriterium".

Dies ist vom Wortlaut des Gesetzes her allerdings in Frage zu stellen; denn der Müller arbeitet in seiner Mühle, nur sichtbar an den sich drehenden Flügeln außen, und das Gesetz verbot nur geräuschvolle Arbeiten innerhalb eines Gebäudes. Das Oberappellationsgericht setzte sich aber über den Gesetzeswortlaut hinweg und stellte auf den Gesetzeszweck ab, war sich seiner Sache indes offenbar doch nicht so ganz sicher; denn es bemühte auch das

„Rechtsbewußtsein" und die „Sitte", um seine vom Amtsgericht abweichende Entscheidung zu rechtfertigen:

> „Gewiß würde es auch das Rechtsbewußtsein empfindlich verletzen, wollte man dem Tagelöhner die Arbeit in seinem Garten untersagen, während man dem Müller gestatte, weithin sichtbar mit seiner Mühle zu arbeiten. Die allgemeine Sitte ist es denn auch, daß die Müller während der Zeit des Gottesdienstes ihre Mühlen still setzen …".

Dabei zog es auch die schon zitierte Verordnung vom 16. April 1736 heran, wonach Müller während der Zeit des Gottesdienstes ihre Mühlen „ohne äußerste Noth nicht mahlen" lassen sollten.

Wie sich die Zeiten doch ändern: Heute würde sich wohl jeder freuen, wenn er noch eine Mühle sieht, deren Flügel sich drehen, sei es auch an einem Sonntag. Und niemand würde wohl auf den Gedanken kommen, dass sich jemand dadurch strafbar gemacht habe, auch wenn die Flügel einer Mühle sich während der Gottesdienstzeit drehen. So geschah es aber jenem Müller, der vom Amtsgericht freigesprochen wurde, während das Oberappellationsgericht ihn wegen Verletzung der Sonntagsruhe bestrafte.

Die renovierte Ekerner Mühle nach einem Gemälde von Günter Müller.

45

12. Ein Besuch beim Müllermeister

Einmal im Jahr besuchte W. seinen Freund, einen Müllermeister, zu dessen Geburtstag. Ohne Auto ging es nicht, denn sein Freund wohnte abgelegen, und zu Fuß war es zu weit. Bei Freund Müller, der tagsüber trockenen Mehlstaub eingeatmet hatte, selbstredend auch an seinem Geburtstag, ging es abends feucht und fröhlich her. Dazu trug auch die gute Stimmung bei, die an dem Abend herrschte, als sich W. wieder einmal bei seinem Freund, dem Müllermeister, zum Geburtstag einfand. Dieser erzählte aus seiner Lehrzeit als Stift bei einem Müllermeister, der eine Holländer-Windmühle besaß, einen sogenannten Galerie-Holländer. Da Wind aufkam, wollte der Müller mahlen. Der Stift war auf die Galerie geschickt worden, um ein Segel festzumachen. Damit tat er sich als Stift im ersten Lehrjahr schwer. Der Müller glaubte, der Stift sei längst wieder unten, und setzte die Flügel in Bewegung, indem er den Bremsbalken löste. Der Stift hing jedoch noch halb hoch an einem Flügel, als dieser sich nach oben bewegte. Er wurde ganz blass und klammerte sich fest an den Flügel. Als er den ersten Schrecken überwunden hatte, schrie er aus Leibeskräften um Hilfe. Aber der Müller unten in der Mühle hörte nichts, das Mahlwerk war zu laut. Andere Personen waren nicht in der Nähe. So ging es langsam mit dem Lehrling bergauf. Oben verhielt der Flügel etwas, der Wind war noch nicht so stark, und der Lehrling erschwerte die Drehung nach oben durch sein Gewicht. Nun hing er mit dem Kopf nach unten. Zum Glück hatte er seine Füße hinter eine Querlatte am Gitter des Flügels klemmen können, und mit den Händen stützte er sich nach unten am Gitter ab. Aber wie lange würde das gut gehen? Schneller ging es bergab. Durch den Schwung kam der Stift auch schneller wieder hoch. Es schoss ihm zwischendurch durch den Kopf, ob er nicht abspringen könne, wenn der Flügel, an dem er hing, mit dem äußeren Ende der Galerie nahe kam. Aber dabei musste er erst weiter zum Flügelende kommen und hieran war bei der zunehmenden Geschwindigkeit, mit der sich die Flügel drehten, nicht zu denken. Der Stift hatte schon Mühe, sich überhaupt am Flügel zu halten. Mal stand er, mal hing er. Zwischendurch musste er noch sein Gewicht verlagern, dabei aber immer darauf bedacht sein, dass er sich mit Händen und Füßen festklammerte. Nach fünf Umdrehungen sah der Müller einmal nach draußen: Die Flügel drehten sich nach seinem Gefühl nicht so gleichmäßig wie sonst. Als er hochguckte, sah er zu seinem großen Schrecken den Stift gerade, als er wieder – mit dem Kopf nach unten – oben hing und schrie: „Help mi, help mi"! Der Müller stürzte, nachdem er sich von seinem ersten Schrecken erholt hatte, auf die Galerie und hängte sich an einen gerade niedersausenden Flügel. Er hätte das Flügelwerk auch abbremsen können. Aber dann wäre es erst nach einigen weiteren Umdrehungen zum Stillstand gekommen. Da der Müller schwergewichtig war – er wog über zwei Zentner

–, meinte er, das Flügelwerk so eher zur Ruhe bringen zu können. Aber die Flügel waren gut in Schwung. Kaum hatte der Müller einen Flügel gegriffen, hob er ab. Nun hing er selbst wie ein nasser Sack am Flügel – und auf der anderen Seite stürzte der Stift am anderen Flügel herunter. Indes hatte der Müllermeister die Situation doch richtig eingeschätzt: Nur halb hoch kam sein Flügel noch, dann fiel er mit dem schwergewichtigen Müllermeister zurück, und dieser stand plötzlich wieder. Aber nun war der Stift mit seinem Flügel wieder oben. Inzwischen war er auf der anderen Seite hochgekommen. Immerhin bewegte sich nun nichts mehr. Der Müllermeister hatte „seinen" Flügel fest im Griff. Müller und Stift – ersterer von unten nach oben sehend, letzterer zehn Meter darüber von oben nach unten – kamen überein, dass der Müller den Flügeln noch eine halbe Drehung geben und den Flügel mit dem Stift dann anhalten sollte. So geschah es. Der Müller erlöste schließlich seinen Stift. Er musste dessen Finger erst vom Flügelgitter lösen, so hatten sie sich verkrampft. Ganz blass waren beide, der Schreck saß ihnen noch immer in den Gliedern, als sie auf der Galerie waren, der Müller stehend, der Stift vor Schwäche halb ohnmächtig vor ihm liegend. Und zum ersten Mal ließ der Müller den Stift Korn aus einem Flachmann trinken, den er immer in seiner tiefen Jackentasche bei sich trug und der auch beim Höhenflug des Müllers nicht rausgefallen war. Der Schluck belebte den Stift, er stand auf, torkelte noch etwas, stand dann aber wieder sicher.

So schilderte der Müller sein Erlebnis – und ob der schönen Geschichte wurde auch viel getrunken. W. wusste schließlich, er hatte genug getrunken, er durfte eigentlich nicht mehr fahren. Aber er vertraute seinem guten Stern. Welcher Polizist sollte ihn auf dem Heinweg über Nebenstraßen anhalten? So setzte er sich ans Steuer. Nach etwa zwei Kilometern Fahrtstrecke kam er an eine Kreuzung. Polizei! Anhalten! Und W. hielt. Neugierig besahen zwei Polizisten sein Fahrzeug rundherum. Als wenn etwas Besonderes daran wäre! Er fuhr doch ein gängiges Modell! Dann trat ein Polizist an seine linke vordere Wagentür. W. hatte das Fenster schon gleich nach dem Anhalten geöffnet. Er erinnerte sich, dass ihm jemand mal gesagt hatte, Alkohol im Wagen verflüchtige sich so besser und schneller. – Der Polizist forderte erst die Papiere. Alles in Ordnung. Dann kam die unvermeidliche Frage: Alkohol getrunken? – W. war ein wahrheitsliebender Mensch. Er wollte und konnte nicht die Unwahrheit sagen. Aber musste es die reine Wahrheit sein? W. erkannte, dass er es mit einem jungen, wohl noch unerfahrenen Polizisten von der Bereitschaftspolizei in O. zu tun hatte. Und so setzte er auf den Überraschungseffekt, ohne die Unwahrheit zu sagen. Blitzschnell, vielleicht noch animiert durch den Alkohol, stellte er die Gegenfrage: „Wo denken Sie hin?" „Na", meinte der junge Polizist verdutzt, „man wird doch wohl noch mal fragen dürfen". – „Das darf man", antwortete W., drehte schnell das Fenster hoch und fuhr los! Der Polizist sah ihm ratlos nach. – Glück gehabt, dachte W.

Diese Geschichte, die sich schon vor Jahren zugetragen hat, wird (erst) jetzt erzählt, weil die Strafverfolgung inzwischen verjährt ist. Abgesehen davon war ja kein bestimmter pro-mille-Gehalt an Alkohol im Blut festgestellt worden – auch nicht in folgendem Fall:

Bei einer weiteren Verkehrskontrolle – W. hatte etwa 3 Stunden vorher zuletzt ein Glas Glühwein getrunken und davor mehrere „Lüttje Lagen" – fragten die Polizeibeamten nach Alkoholgenuß. W. antwortete – wahrheitsgemäß – vor längerer Zeit zuletzt ein Glas Glühwein. Natürlich erwartete W. weitere Nachfragen wegen „zuletzt" und „vor längerer Zeit". Allerdings hatte W. das „zuletzt" etwas verschluckt. Aber „vor längerer Zeit" war deutlich gesprochen – nur, was heißt das? Waren inzwischen Minuten, Stunden oder war noch längere Zeit verstrichen? Aber die Polizeibeamten hatten keine weiteren Fragen mehr. Wieder mal Glück gehabt.

VII. Vom Reiten

13. Pferdegeschichten von Hazy und Lothar

Der Name Hazy kam von Esterhazy, dem ungarischen Fürstengeschlecht. Und aus Ungarn stammte er, wohl aus der Pußta. Namenlos und ohne Papiere kam er über die Grenze, drei Jahre alt, aber schon groß, Stockmaß 1,78 m. Er sah aus wie ein germanisches Schlachtross, braun und gewaltig, mit blonder Mähne und blondem Schweif. Irgendjemand hatte ihn schon angeritten, aber viel konnte er noch nicht, außer rennen. Seine erste große Freundschaft war Lothar, ein Schimmelpony gleichen Alters, 1,05 m Stockmaß. Bei guter Laune sauste Lothar unter Hazy hindurch, an seinem Bauch entlangscheuernd. Lothars Unarten waren Schubsen und der „Grabengang". Er hatte gern menschliche Gesellschaft und machte sich einen Spaß daraus, unvermutet Gäste von der Seite her anzurempeln, nachdem er minutenlang neben ihnen gestanden hatte. Der „Grabengang" war seine Spezialität: Er ging rückwärts so tief in den Graben, dass der jugendliche Reiter runter musste; mit einem Satz stürmte Lothar dann nach oben und blickte triumphierend über den Grabenrand auf den im Graben liegenden Reiter herab.

Hazy und Lothar hatten ihren ersten gemeinsamen großen Auftritt an einem Morgen in der Frühe. Aus irgendeinem Grund war das Weidetor offen geblieben oder aufgemacht worden – und sie hatten das Weite gesucht. Der Besitzer wurde angerufen: Seine Pferde liefen auf der Bundesstraße (oh' Schreck) oder im Moor. Schulkinder erzählten unterwegs, die Pferde – „ein ganz großes und ein ganz kleines" – seien auf dem Weg zur Autobahn (oh' Weh). Der Besitzer kam auf der Suche nach den Pferden über den Übergang einer Kleinbahnstrecke. Und was sah er in ca. 1 km Entfernung? Hazy auf dem Bahndamm stehend, dahinter eine Lok mit Güterwagen – aber kein Lothar. Bei der Annäherung tauchte auch Lothar auf: in einer Weide neben der Bahn. Er hatte Anschluss bei Norwegern gefunden und war unter dem Weidedraht durchgeschlüpft. Hazy konnte das natürlich bei seiner Größe nicht, aber er hatte auch nicht über den Zaun hinwegspringen können. So suchte er sich in der Nähe von Lothar auf dem Bahndamm zu behaupten, eifersüchtig natürlich auf die Norweger. Doch das Behaupten war schwer. Der Zug näherte sich, der Zugführer hatte das nicht zu übersehende große Pferd längst gesehen, gebremst und schließlich angehalten. Hazy hatte nicht Platz gemacht. Offensichtlich wollte er nicht von Lothars Seite weichen. Als der Zug anfuhr, machte Hazy einen Riesensatz nach vorn, stand aber gleich wieder und stemmte sich rückwärts gegen die Lokomotive. Das wiederholte sich mehrmals – bis das Zugpersonal aufgab und auf Befreiung hoffte. Unterdes drehte sich Hazy um – und setzte sich! Es wurde ihm zu langweilig. So

fand der Besitzer von Hazy die Situation vor, nachdem er sich vom Bahnübergang auf den Zug zu bewegt hatte. Auf die Frage, ob sie einen Ausfallschaden hätten, verneinten die Bahnbeamten; es käme auf eine Stunde mit den Güterwagen nicht an. Sie hätten zudem mit Hazy ihren Spaß gehabt. Der Besitzer zog mit Hazy am Halfter ab. Wie ein Blitz war Lothar unter dem Zaun durch und kam hinterher – auch er hing an Hazy. Die Rechnung kam später nicht von der Bahn, sondern von einer Baumschule: Hazy und Lothar hatten auf ihrem morgendlichen Ausgang Heidepflanzen zertreten.

Es war der erste Schadensfall – aber nicht der letzte. Ob es das freie, ungebundene Leben in der Pußta war oder Hazy sein Schlüsselerlebnis mit dem Zug hatte: Er entwickelte jedenfalls eine ausgesprochene Abneigung gegen alles Technische, das sich bewegte. Trecker und Lastwagen waren für ihn geradezu Panikmacher. Vor der Annäherung nahm Hazy reißaus, indem er sich kurzerhand umdrehte – und nichts konnte ihn mehr halten, selbst der beste Reiter nicht. Aber der beste Reiter – sein Besitzer – nahm schließlich selbst schon mit dem Pferd reißaus, indem er eine Volte ritt – und ab ging die Post in die Gegenrichtung. Da kam kein Trecker oder Lastwagen mehr mit, die nun hinterher fuhren. Eine nicht ganz so eindeutige Reaktion zeigte Hazy bei der Annäherung von Personenkraftwagen. Ersichtlich waren auch sie ihm zuwider, aber seine Angst vor ihnen hielt sich wohl mit dem Hass auf das blecherne Vehikel die Waage. Er nahm jedenfalls nicht gleich reißaus, wenn sich ihm ein Pkw nähere, er nahm ihn sozusagen an. Doch im letzten Augenblick vor der Begegnung drehte er nach rechts oder links herum – und kein Reiter konnte ihn davon abhalten, indem er durchparierte. Drehte Hazy nach links ab, passierte nichts: sein Kopf und Hals ragten weit über das Dach des Autos hinaus. Drehte Hazy nach rechts ab, kam er also mit seiner Hinterhand nach links, versäumte er es nicht, dem entgegenkommenden Wagen beim Passieren eins auszuwischen, so seine volle Missachtung gegenüber der Technik dokumentierend. Er zielte zwar nicht, traf aber doch gut: mal einen Kotflügel, mal die Haube, mal einen Außenspiegel, und hin und wieder ging auch eine Scheibe zu Bruch. Längst hatte die Versicherung des Besitzers von Hazy diesen ausgesteuert. Die Schadensfälle hatten sich zu sehr gehäuft und waren nicht mehr zu bezahlen. Hazy hatte sich dabei nie etwas getan. Er war äußerst geschickt, tippte das Blech mit dem Huf nur an und zog ihn gleich wieder zurück. Aber die Wirkung bei der Fahrt des Wagens war doch da. Unverkennbar waren die Hufabdrücke an Haube, Kotflügel und Tür, sozusagen Trittsiegel von Hazy, besonders seit er Eisen trug.

Doch nun musste der Besitzer die ersten Schadensfälle aus eigener Tasche bezahlen. Das war bitter. Es half nicht viel, dass er mit Hazy auf einsame Feld- und Moorwege auswich; denn auch dort waren die verdammten Autofahrer. Doch wie Hazy seine Methode entwickelt hatte, die Wagen zu treffen, ohne sich selbst zu verletzen, ging nun auch sein Reiter methodisch zu Werke. Er nahm 50,– DM Taschengeld mit, was für jeden Schadensfall reichen musste – und auch reichte. Das geschah so: War wieder ein Wagen von Hazy gezeichnet, drang der Reiter auf den noch geschockt und bleich im Wagen sitzenden Fahrer ein: wie er überhaupt noch fahren und Gas geben könne, er habe doch gesehen, dass das Pferd durchgehe. Derart eingeschüchtert und mitgenommen verteidigten sich die Fahrer nur zaghaft, bis der Reiter sagte: Eigentlich müsste ihm und seinem Pferd noch ein Schmerzensgeld gezahlt werden – aber hier seien 50,– DM, damit solle alles erledigt sein. Und dankbar nahm der Fahrer die 50,– DM entgegen, überrascht und glücklich über die Wende des Schicksals. Nur einer kam später und behauptete, der Schaden an seinem Wagen betrage 1.500,– DM, mit 50,– DM könne er sich nicht zufrieden geben. Hazy wieherte und sein Reiter meinte, da könne ja jeder kommen, die Sache sei endgültig verglichen.

Von da ab bemerkten Hazy und sein Reiter, dass die Begegnungen mit Kraftfahrzeugen seltener wurden. Entweder hatte sich Hazy als Schlägertyp rumgesprochen, oder dass sein Herr schlecht zahlte, oder beides. Wenn die Hauptgaloppstrecke von unten her aufgerollt wurde, sahen Hazy und sein Reiter, wie oben gelegentlich Fahrzeuge abdrehten. Es stärkte ihr Selbstbewusstsein ungemein, Sieger über die Technik zu sein. Nur einmal waren sie die Besiegten. Es geschah auf der Galoppstrecke. Ein scharfer Wind wehte von vorne, so bemerkte der Reiter nicht, dass von hinten ein Fahrzeug aufholte; er merkte nur, dass Hazy trotz des scharfen Gegenwindes immer schneller wurde. Das war an sich noch nicht so schlimm, aber nun kam die

Stelle, wo Hazy und sein Reiter nach rechts abzubiegen pflegten. Hazy hatte ein besonders gutes Gedächtnis – und so wollte er natürlich nach rechts abbiegen, auch wohl, um das lästige Vehikel hinter seinem Schweif los zu werden. Auf die äußerst scharfe Wende nach rechts im Galopp konnte sich der Reiter nicht mehr einstellen. Er fiel in Etappen zu Boden, zuletzt noch am Hals des Pferdes hängend. Über den am Boden Liegenden machte Hazy einen Riesensatz – dies hatte er wohl beim „Zug-Erlebnis" gelernt – und verschwand in Richtung Stall. Dort nach ca. 2 km Galoppstrecke angekommen, fiel Kindern das Pferd ohne Reiter auf. Sofort tauchte der Verdacht auf, der Reiter könne als Leiche im Moor liegen. Der benachrichtigte Gastwirt aus der Nachbarschaft rief seine anwesenden Gäste zusammen, und gemeinsam fuhren sie ins Moor, um eine vermeintliche Moorleiche zu suchen. Diese kam ihnen aber schon humpelnd entgegen. Der Reiter hatte den starken Verdacht, einem Racheakt zum Opfer gefallen zu sein. Unter Ausnutzung des Gegenwindes hatte sich ein Fahrer heimlich von hinten an das Pferd herangepirscht und ordentlich Gas gegeben, um nun seinerseits einmal das Pferd zu jagen. Dafür sprach, dass er schnell weiterfuhr, als Hazy rechts abbog und noch gesehen haben musste, dass der Reiter zu Boden fiel. Also auch noch Fahrerflucht! Von da ab sicherten Hazy und sein Reiter gelegentlich auch nach hinten. Es wagte sich aber niemand mehr an sie heran, weder von vorne noch von hinten.

Doch dann kam Hazy nach Franken. Sein Herr hatte keine Zeit mehr, mit ihm Jagd auf Autos zu machen. Hazy wurde von einem Pastor geritten, der zwar kleinwüchsig war, so dass er zwei Ballen Heu aufstapeln musste wenn er aufsitzen wollte; aber der Pastor war energisch und gewöhnte Hazy seine Unarten ab. Kein Auto kam mehr zu Schaden. Hazy wurde richtig fromm. Doch nach Ablauf von drei Jahren kam Hazy in die norddeutsche Tiefebene zurück. Im Gebirge hatte er sich einen schweren Husten zugezogen, er sollte schon zum Schlachter. Als der frühere Besitzer hiervon hörte, holte er ihn aus Franken wieder, um ihm eine letzte Chance durch Luftveränderung zu geben. Und – oh' Wunder – Hazy erholte sich zusehends. Schließlich heilte der Husten ganz aus. So gesund ist die Luft – noch – in Nordwestdeutschland. Als Hazy voll genesen war, ging die Autojagd wieder los. Hazy war aber nun nicht mehr fromm, sein Zwischenbesitzer – der Pastor – war ja weit weg. Erste Kollisionen waren unvermeidlich. Entweder kannte man Hazy noch nicht – oder nicht mehr. Die Schadensfälle wurde nach der bewährten Methode abgewickelt. Mit Rücksicht auf die zwischenzeitlich eingetretene Verteuerung wurde der Höchstsatz allerdings von 50,– DM auf 60,– DM pro Schadensfall erhöht. Doch dies schien manchem undankbaren Zeitgenossen offenbar noch nicht genug. Statt froh zu sein, mit einem leichten oder mittleren Blechschaden davongekommen zu sein, begehrten einige auf und verlangten mehr Geld. Eine Sache wurde durchprozessiert. Unter Berücksichtigung eines hälftigen mitwirkenden Verschuldens des Fahrers und der Betriebsgefahr seines Fahrzeugs kamen immerhin noch gut 500,00 DM heraus. Hazy hatte kräftig zugeschlagen und das vorbeifahrende Auto mit seiner rechten Hinterhand gerade noch am Heck erwischt. Doch langsam kam in der neuen, alten Umgebung wieder der Respekt vor Hazy auf: Immer wieder drehten Fahrzeuge ab, wenn Hazy mit seinem Reiter auf der Galoppstrecke war. – Und Lothar? Er hatte nach Hazy's Rückkehr sofort wieder große Freundschaft mit ihm geschlossen. Beide gingen mit ihren Reitern nun gemeinsam auf Autojagd. Dabei teilte Lothar durchaus nicht die technikfeindliche Einstellung von Hazy. Er hatte die Angewohnheit, auf entgegenkommende Fahrzeuge zuzurasen, um erst im letzten Augenblick auszuweichen. Derart stoppte Lothar das Fahrzeug, während Hazy nun in größerer Ruhe „zulangen" konnte. Tauchten beide zusammen im Gelände auf, war dies für jeden eingeweihten Autofahrer das höchste Warnsignal, sich in Sicherheit zu bringen. So entwickelten Hazy und Lothar gemeinsam ihre Strategie und schufen für ihre Reiter freie Bahn. Dafür bekam Lothar hinterher eine Portion Bier, das er für sein Leben gern mochte, um danach noch übermütiger zu werden. Hazy war mehr für das naturgemäße Leben und begnügte sich nach erfolgreicher Jagd mit Wasser zu einer großen Portion Quetschhafer.

„Lothar" wie er leibte und lebte.

14. Ein Neujahrsbesuch

Hazy war noch nicht lange in seiner neuen Heimat zwischen Weser und Ems, als sein neuer Besitzer meinte, er müsse mit ihm einen Neujahrsbesuch bei einem Freund im Ort machen. So ging es morgens früh los, als noch wenig Verkehr auf der zu überquerenden Bundesstraße herrschte. Der Freund wohnte in einem Mehrfamilienhaus, und der Ritt dorthin war auch problemlos. Nun konnte der Reiter Hazy natürlich nicht mit in die Wohnung nehmen, die im ersten Stock lag. So suchte er nach einer Befestigungsmöglichkeit draußen und fand sie auch in Gestalt einer Teppichstange hinter dem Hause.

Der Freund und seine Ehefrau waren vom frühen Besuch freudig überrascht und man saß auch schon gemütlich beisammen, als ein erster dumpfer Schlag das Haus durchdrang. Ein zweiter folgte bald – und die Bewohner des Hauses wurden munter. Überall regte sich etwas im Mehrfamilienhaus. Dann ein dritter gewaltiger Schlag, dass das Haus zu erzittern schien. Der Besitzer und das befreundete Ehepaar sahen sich an. Plötzlich dämmerte es: das konnte nur Hazy sein. Eine Überprüfung draußen ergab, dass der Verdacht begründet war: Hazy hatte sich um die Teppichstange gedreht, um die der Zügel gelegt war, und so kräftig mit seinen eisenbeschlagenen Hufen gegen die rückwärtige Hauswand gedonnert, dass alle Bewohner davon geweckt sein mussten. Zum Glück befanden sich an der Rückwand des Hauses keine Fenster, so dass die Bewohner die Ursache der Erschütterungen auch nicht feststellen konnten. Schnell und unauffällig wurde Hazy von der Teppichstange weg zu einem Verkehrsschild vor dem Mehrfamilienhaus geführt. Dort wurden die Zügel um die Stange des Schildes gelegt. Der Reiter begab sich nun wieder ins Haus und die Unterhaltung mit dem Freund und seiner Frau wurde fortgesetzt.

Doch war der Reiter nach dem Vorgefallenen beunruhigt. Als er schließlich nach draußen ging, um nach dem Rechten zu sehen, sah er, dass Hazy das Verkehrsschild aus seiner Verankerung gerissen hatte und damit schon einige Meter in Richtung Bundesstraße gegangen war. Hätte man ihm mehr Zeit gelassen, wäre er sicherlich auch auf die Bundesstraße selbst geraten. Nicht auszudenken, was dort dann mit dem herausgerissenen Schild und Hazy hätte passieren können. So glaubte Hazys Reiter, sich doch vorzeitig vom Neujahrsempfang verabschieden zu müssen Er befreite Hazy vom – lästigen – Verkehrsschild, das er notdürftig wieder an der alten Stelle einsetzte, und ritt nun die paar Schritte zum Hauseingang, wo sich der Freund nebst Ehefrau schon eingefunden hatten in der Erwartung, eine neue Überraschung zu erleben. Sie kam auch, nachdem der Reiter sich gerade verabschiedet hatte. Hazy äppelte auf den Eingang, der nun vom besuchten Ehepaar gesäubert werden musste. Hazys Reiter konnte nur noch zurückrufen, dass der Pferdedung gut für die Balkonpflanzen sei. Der Ritt zurück über die Bundesstraße, auf der der Verkehr nun allerdings lebhafter geworden war, vollzog sich ohne Schwierigkeiten.

Hazy hatte beim Besuch seine Visitenkarte abgegeben, wenn auch erst beim Abschied.

15. EIN WILDER RITT IM NORDWESTEN

Der Reiter wollte mit Hazy seinen ersten größeren Ausflug machen, einen Distanzritt über 30 km. Südlich vom Küstenkanal ließ er sich mit dem Pferd absetzen, um durch ein Moor und den Eleonorenwald im Hümmling zu reiten. Der Weg durch das Moor war beschwerlich. Wiederholt sackte Hazy fast bis unter den Bauch ein, nur mit Mühe konnte der – abgestiegene – Reiter ihn wieder herausziehen. Eine wackelige Holzbrücke wäre beinahe unter Pferd und Reiter zusammengebrochen, nach ihnen wäre kein Fahrzeug mehr darüber hinweggekommen. Doch dann kam die Geest mit dem Wald. Auf dem Waldweg war vorher schon das Pony Lothar mit seiner Reiterin geritten, stets an der Tête einer Gruppe von Großpferden. Inzwischen hatte sich die Landschaft verändert. Nach einem schweren Sturm in den 70er Jahren sah man keinen Wald mehr. Rundherum lagen Bäume, teils entwurzelt, teils abgebrochen, über- und nebeneinander liegend; nur ganz vereinzelt standen noch einige Bäume. Aber der Waldweg selbst war frei geblieben. Es war ein trostloser Anblick für den aus ca. 2,50 m Höhe umherblickenden Reiter von Hazy. Er glaubte nicht, dass er jemals wieder einen Wald nach Räumung der Forstflächen erblicken würde. Schon die Räumung schien ihm ein unlösbares Problem zu sein. Wie solle man den Wirrwarr von über- und untereinander, kreuz- und querliegenden Baumstämmen beseitigen? Heute weiß er, dass es möglich war und ein neuer, schöner Wald schon gewachsen ist. Damals erlebte er die ersten Anfänge der Räumung. Auf dem breiten Waldweg kam ihm eine schwere, ausladende Holzverarbeitungsmaschine auf einem fahrbaren Untersatz entgegen. Für Hazy das Signal, sofort nach hinten auszubrechen. Aber sein Reiter wollte nicht den ganze Weg zurückreiten, um womöglich im Moor endgültig an der Brücke zu scheitern. Seitliche Auswege gab es nicht, alles war mit entwurzelten oder abgebrochenen Baumstämmen übersät. So wollte der Reiter dem Maschinenführer Halt gebieten – in der Hoffnung, an einem stehenden Fahrzeug mit Hazy vorbei zu kommen; denn nur vor in Fahrt befindlichen Fahrzeugen ergriff Hazy die Flucht. Auf kürzere Entfernung, zurückreitend, gelang es auch, dem Fahrer ein Zeichen zu geben, so dass er sein Fahrzeug stoppte. Jedoch war das Ungeheuer von Maschinenfahrzeug wohl schon zu nahe an Hazy herangekommen. In dem Augenblick, als das Fahrzeug hielt, brach Hazy nach rechts aus und sprang vom Wege ab mitten in den Wirrwarr von Stämmen, abgebrochenen Ästen, Zweigen und Kronen hinein. Dabei setzte er auch ohne Hilfen über größere Baumstämme nach Art eines guten Springpferdes hinweg, nur dass der Platz für einen Anlauf fehlte. So sprang er manchmal aus dem Stand über einen oder mehrere Stämme, wich dann aber wieder nach links und anschließend nach rechts aus, um danach die nächste Hürde zu nehmen – und dies alles, ohne dass der Reiter auf das Pferd einwirken konnte. Hazy's Fluchtinstinkt war zu stark. Es gelang dem Reiter schließlich doch, das Pferd zunehmend im Bogen nach links zu lenken, um hinter dem Monstrum von Maschinenwagen wieder auf den Waldweg zu kommen. Aber dann geschah es: Bei einem Sprung fast aus dem Stand landete Hazy mitten in einem Haufen von kreuz- und querliegenden Stämmen mit Ästen, Zweigen und Kronen darauf, ein richtiger kleiner Berg. Da kam Hazy nicht mehr heraus, während bei dem gestoppten Sprung des Pferdes sein Reiter nach vorn auf den Haufen fiel. Als er sich – ohne sich in dem weichen Geäst etwas gebrochen zu haben – erhob, kamen schon mehrere Waldarbeiter herbei, die das Geschehen vom Maschinenwagen aus beobachtet hatten. Es war ja alles frei, kein stehender Baum hinderte die Sicht. Mühsam kämpften sich die Arbeiter durch die ca. 100 m Waldfläche heran, die Hazy springend überwunden hatte. Ein Waldarbeiter meinte, das sei ja ein merkwürdiges Springen gewesen, das sie von der Seite hätten beobachten können. Mal sei das Pferd – wie ein Hase – nach links, dann nach rechts ausgewichen und wieder „hüpfend" nach vorne gesprungen. Der Reiter erklärte: Der Name des Pferdes sei schließlich „Hazy", was dem Waldarbeiter aber nichts sagte.

Guter Rat war nun teuer. Hazy war regelrecht eingeklemmt, vor ihm, hinter ihm und auch seitlich waren überall Stämme, die bei ihrem Gewicht von Menschenhand nicht hätten bewegt werden können. Dabei wusste man nicht einmal, ob Hazy sich etwas gebrochen oder verletzt hatte. Von der Vorder- und Hinterhand war in dem Gestrüpp nichts mehr zu sehen. – Da kam dem Maschinenführer die rettende Idee: Der Maschinenwagen konnte Stämme durchsägen, anheben, abschälen und aufladen. An sich war die Räumung eines anderen Waldstücks vorgesehen. Aber kurzerhand wurde umgeplant und so bewegte sich das Ungeheuer von Maschine langsam auf Hazy zu, immer Stämme aus dem Weg räumend. Ob Hazy das aushalten würde, wenn der Maschinenwagen unmittelbar auf ihn zukam? Wohl nicht. Es war zu befürchten, dass er in seiner Verzweifelung versuchte, dem Monstrum von Maschinenwagen auszuweichen und sich dabei erheblich verletzte. Diese Befürchtung äußerte der Reiter auch gegenüber dem Maschinenführer. Dieser dachte nach – und fand die Lösung: Der Maschinenwagen sollte nur bis auf ca. 10 m langsam an Hazy heranfahren und dabei die Schneise frei räumen, der Wagen sollte dann zurückgezogen und durch einen kleineren Kranwagen ersetzt werden, der die letzten Meter bis zu Hazy zurücklegte. Und dann? Der Maschinenführer: Dann legen wir dem Pferd Gurte und Seile um und ziehen es nach oben raus. – Zum Glück befanden sich im Werkzeugkasten des Kranwagens Seile, auch Gurte, die um Ketten herum aufgezogen werden konnten, wenn empfindlicheres Material zu heben war. – Einige bange Minuten waren nun zu überstehen. Der Maschinenwagen näherte sich immer mehr Hazy. Dieser versuchte, aber vergeblich, freizukommen, sein

Kopf immer ängstlich dem Maschinenwagen zugewandt. Dann wurde der Wagen zurückgezogen und der kleinere Kranwagen geholt. Er konnte mit seinem Kran bis zu einer Tonne heben – und das musste für Hazy reichen. Bei der Annäherung des Kranwagens wurde Hazy wieder unruhig, konnte sich aber wiederum nicht befreien. Schließlich war der Kranwagen so weit an Hazy heran gekommen, dass der Kranarm über ihm schwebte. Zwei Seile und zwei Gurte waren vorher schon am Haken des Kranarms befestigt worden. Sie wurden unter dem Bauch von Hazy durchgezogen und der Kranarm angehoben. Damit erhob sich auch Hazy über das Gestrüpp hinweg. Es war ein seltsamer Anblick, als er, die Beine nach unten gestreckt und den Kopf schräg nach unten gerichtet, „in den Seilen" zwischen Himmel und Erde schwebte. Er wurde zur Seite abgesetzt – und erst jetzt konnte sein Reiter feststellen, dass Hazy zwar einige Schürfwunden erlitten, sich aber sonst nicht verletzt und auch nichts gebrochen hatte. Die Schürfwunden wurden sogleich aus der mitgeführten Pferdeapotheke versorgt. Zurück auf den Waldweg ging es nun am Zügel, geführt auf der vom großen Maschinenwagen geschaffenen Schneise. Da der Maschinenwagen auf dem Reitweg stand – und nicht mehr in Fahrt war –, konnte Hazy daran auch vorbeigeführt werden, wobei er allerdings wieder einige Sätze machte, um schnell aus dem Gefahrenkreis des Maschinenmonstrums herauszukommen.

Mit großem Dank und einem kräftigen Schluck aus dem vom Reiter mitgeführten „Flachmann" verabschiedeten sich Hazy und sein Reiter. Danach begegnete ihnen kein großes Maschinenmonstrum mehr und sie trafen, nachdem sie auch noch den Herzogsbusch durchquert hatten, wohlbehalten am Zielort ein. Von den Schürfwunden, die Hazy davongetragen hatte, war am nächsten Tag kaum noch etwas zu sehen. So verlief der wilde Ritt in die „Büsche" doch noch glimpflich, aber er hätte auch anders ausgehen können.

No fun without risk.

16. Auf dem Umzug.

Jedes Jahr wurde in der Gemeinde Z. die Z.-Woche veranstaltet, verbunden mit einem Umzug. Schon bald kam die Idee auf, dass sich Hazy und sein Reiter an dem Umzug beteiligen sollten. Autos konnten dabei nicht gefährlich und nicht gefährdet werden. Der Zug ging nur in eine Richtung – der Verkehr in der Gegenrichtung war gesperrt.

Hazys Besitzer wollte als Ritter mitreiten. Dazu gehörte natürlich eine Rüstung. Zufällig gab es eine solche zu leihen. Sie stammte aus dem Tower in London. Einer von Cromwell's Leuten hatte sie getragen. Es war eine richtige Eisenrüstung, bestehend aus Brust- und Rückteil sowie einem Helm mit Nasenstab. Gewicht – alles in allem – ca. 30 kg. Damit konnte der Besitzer nicht aufsteigen. Aber von dem Mühlstein aus, der draußen an einer Moorschmiede sonst als Tisch benutzt wurde, ging es. Hazy wurde besonders geschmückt mit einer goldenen Lilie am Stirnband und einer weit herabhängenden, gesäumten Decke. Sein geharnischter Reiter hatte sich – zünftig – mit einem Schwert an einer Seite und einer Lanze in der Hand bewaffnet. Mit der anderen hielt er die Zügel – und los gings.

Es war ein heißer Tag. Die Sonne stach. Schon unterwegs zum Sammelplatz für den Umzug wurde es für den Reiter im Harnisch beschwerlich. Der Schweiß lief unter dem Helm den Nacken herunter. Der Reiter hatte – vorsorglich – leichte Kleidung unter der Rüstung angelegt. Sie nahm den Schweiß jedoch kaum auf. Hazy schien das alles nichts auszumachen. Er war Hitze aus der Puszta, woher er wohl stammte, gewöhnt; im übrigen war er bei seiner Größe und Stärke ein Gewichtsträger.

Schließlich ging der Umzug los. Hazy unter seinem Reiter in der Mitte.

Dann geschah etwas Unvorhergesehenes: Auf der Straße des Umzuges war eine Ölspur zurückgeblieben. Auf dieser Ölspur rutschte das Pferd plötzlich mit der Hinterhand aus – es trug keine Hufeisen – und kam nicht wieder hoch. Das Gewicht des Reiters mit der Rüstung drückte doch wohl zu stark auf das Pferd. Der Reiter sah sich nun in einer ungewöhnlichen Lage: Mit den Vorderbeinen stand Hazy noch, aber hinten war er platt – und der Reiter dadurch in eine bedenkliche Lage nach hinten geraten. Entsetzt schoss es ihm durch den Kopf, sein Pferd könne die Hinterhand gebrochen haben; denn die Hinterbeine waren merkwürdig seitlich nach hinten ausgestreckt. So entschloss er sich, aus halber Höhe abzuspringen, was ihm bei der schweren Rüstung nur mit Mühe gelang. Unmittelbar danach sprang Hazy wie ein Gummiball hinten hoch – er hatte sich, Gott sei es gedankt, nichts gebrochen. Es war also wohl nur das Gewicht des Reiters mit der Rüstung, das ihn nicht wieder hatte hochkommen lassen. Doch wie sollte es nun weitergehen?

Ein Ritter in Rüstung neben seinem Pferd einherschreitend, das ging nun wirklich nicht. Mit der schweren Rüstung vom Boden aus aufzusteigen, war ein Ding der Unmöglichkeit. In dieser Situation sprangen drei beherzte Männer hinzu und hievten den Reiter mit vereinten Kräften wieder auf sein Pferd. Hazy machte noch immer einen frischen Eindruck. Der Ausrutscher hatte ihm offensichtlich nichts ausgemacht. Der Ritter war dagegen von trauriger Gestalt. Ihn dürstete. Da die Nasenstange am Helm eingerostet war und bis ans Kinn herunterreichte, konnte er auch nichts Trinkbares zu sich nehmen. Den Helm konnte er auf dem Pferd auch nicht abnehmen. Der ausgedörrte Ritter hatte schon genug damit zu tun, die Lanze in der einen und die Zügel in der anderen Hand zu halten. So hieß es eben: Durchhalten und Zähne zusammenbeißen.

Der Umzug dauerte rund zwei Stunden. Dem Ritter ging es auf dem Umzug durch den Kopf, dass Cromwells Truppen tagelang in Sonne und Regen mit den Pferden und der schweren Rüstung unterwegs gewesen waren. Welche Ausdauer und Härte mussten Pferd und Reiter gehabt haben! Der Ritter bekam richtig Hochachtung vor ihnen. Sein Schweiß floss unterdes unentwegt weiter. Jetzt machten ihn Zuschauer darauf aufmerksam, dass es unter dem Pferd auch tropfte. War es der Schweiß vom Reiter oder vom Pferd – oder von beiden? Der Reiter war schließlich froh, als der Umzug zu Ende war. Nachdem er die Rüstung abgenommen hatte, war ihm schon wohler, aber die Kleidung darunter war wie aus dem Wasser gezogen – und es tropfte noch immer. Der Helm war von der Sonne so heiß geworden, dass man ihn kaum anfassen konnte. Als er schließlich abgestiegen war, nahm der Reiter ein kühles Bad und wurde wieder zu einem zivilisierten Mitteleuropäer des 20. Jahrhunderts. Der Ausflug in das Mittelalter war überstanden, aber wie: Der Reiter hatte fünf Pfund abgenommen, und sein Durst war unbeschreiblich. Aber auch das geplagte Pferd hatte Durst. Es soff einen ganzen Eimer Wasser leer.

War dies nun der endgültige Abschied vom Mittelalter?

Mitnichten.

Zum Umzug im folgenden Jahr beschaffte sich Hazy's Reiter eine leichtere Rüstung neueren Datums aus Eisenblech, dazu Beinschienen, so dass er nun in kompletter Montur als Ritter erschien. Die Rüstung wog insgesamt nur 30 Pfund. Da konnte der Reiter ohne Schwierigkeit als Ritter aufsteigen. Diesmal war es auch nicht so heiß – und so ließ sich alles zunächst gut an.

Begleitet wurde der reitende Ritter von seinem Töchterlein, das im Kostüm eines Burgfräuleins auf einem Rappen mitritt, das erste Mal in ihrem Leben im Damensattel. Erst glaubte es, ständig vom Pferd zu fallen. Die Balance war nicht herzustellen. Nur auf ständiges gutes Zureden des Vaters machte es mit und war schließlich sogar stolz auf ihren Sitz im Damensattel. Dieser Sitz erwies sich auch noch als nützlich:

Vor dem Ritter und dem Burgfräulein ritt eine Reiterabteilung, darunter eine etwas ältere Dame auf einem Riesenpferd – noch größer als Hazy. Plötzlich streifte die Dame mit ihrem Kopf einen überhängenden Ast. Sie kam unterdurch, aber irgend etwas undefinierbares blieb am Ast hängen. Bei der Annäherung erblickte der Ritter eine Perücke. Geistesgegenwärtig spießte er sie mit seiner Lanze auf, um sie der Dame, die sich mit kurzgeschorenen Haaren schon umgeblickt hatte, galant mit der Lanzenspitze zuzureichen. Dabei fiel die Perücke herunter – und ausgerechnet in eine Pfütze, die noch vom letzten Regen am Wegesrand zurückgeblieben war. Das sah das Burgfräulein, sprang hurtig aus dem Damensitz ab – und überreichte der barhäuptigen Dame die Perücke, die diese sofort auch aufsetzte, um ihre Blöße am Kopf zu bedecken, obwohl die Perücke nur so von Wasser troff. Das Burgfräulein saß wieder auf, inzwischen auch im Aufsitzen in einen Damensattel geübt.

Dann gab es einen langen Aufenthalt. Der Umzug musste an einem Bahnübergang auf einen Zug warten, für den die Schranken geschlossen waren. Hazy wurde ungeduldig – Geduld war noch nie seine Stärke. So ritt sein Reiter Volten mit ihm. Die zunächst größeren Kreise wurden allmählich enger. Diesmal hatte Hazy Hufeisen unter und rutschte plötzlich in einem engen Kreis auf dem glatter Klinker-Pflaster einfach weg. Er fiel auf die Seite und

„Hazy" und „Rex" mit Ritter und Burgfräulein.

dann noch auf den Rücken, ebenso sein Reiter. Beim Aufschlag der Ritter-Rüstung auf dem Klinker-Pflaster gab es einen lauten Knall. Rundrum öffneten sich die Fenster in den Wohnungen. Neugierige sahen auch aus dem gerade vorbeifahrenden Zug. Da lag er nun, der stolze Reiter, sehr zur Schadenfreude der Beobachter, flach am Boden. Zwar hatte er sich nichts gebrochen, aber die Rüstung war auch kein Polster gewesen. Sie hatte sich in die Seite des Ritters gedrückt. Nur mit Mühe kam er wieder auf die Beine, wegen der Schmerzen aber nicht aufs Pferd. So blieb ihm nichts anderes übrig, als sein Pferd an der Trense im Kreise herumzuführen, bis endlich die Schranken geöffnet wurden und der Umzug weiterging, der Reiter immer neben seinem Pferd her.

Dies war dann doch der endgültige Abschied vom Mittelalter. Nie wieder hat man Hazy und seinen Reiter auf einem Umzug gesehen.

Hazy und Lothar – sie leben nicht mehr. Der eine hatte Hufrolle und der andere Hufrehe, die ihnen offensichtlich immer größere Schmerzen bereiteten, ohne dass man ihnen noch helfen konnte. So mussten denn beide zur gleichen Zeit erlöst werden. Es war für alle, die sie kannten, sehr schmerzlich. Aber in den Geschichten leben beide weiter und sehen beim Lesen vom Pferdehimmel zu.

VIII. Von Pferden
17. Das Rennpferd Chimbo

Auf Hazy folgte Chimborazo. Es war ein Pferd zum Verlieben: groß, schwarz und elegant. Die Papiere wiesen aus, dass es sich um einen Vollblüter handelte. – Bedenken des Interessenten wegen des Temperaments zerstreute die Besitzerin mit dem Hinweis, dass es sich um ein sehr liebes, frommes Pferd ohne jegliche Unarten handele. Ein erster Proberitt auf dem Abreiteplatz beim Hof schien dies Lob zu bestätigen. Dann kam aber ein Einwand von der hochbetagten Mutter der Besitzerin, einer Frau aus dem – katholischen – Südoldenburg, auch Oldenburger Münsterland genannt. Man könne mit einem Interessenten aus dem protestantischen Nordoldenburg, einem „Lutherischen", doch keine Geschäfte machen, man könne den „Lutherischen" einfach nicht trauen. Die Tochter sah diese Unterschiede wohl nicht oder nicht so sehr, dass sie diese von einem Verkauf des Pferdes an einen „Lutherischen" abhielten. Jedenfalls wurden sich der Süden und der Norden schließlich handelseinig – und Chimborazo kam auf die Weide bei einer Moorschmiede. Auch die ersten Ritte auf der Weide verliefen zur vollen Zufriedenheit des neuen Besitzers. Allerdings fiel auf, dass „Chimbo", wie er nun genannt wurde, mit der Zeit immer flotter wurde. Dann kam der erste längere Ausritt in Begleitung eines anderen Reiters mit Pferd. Chimbo passte sich dem anderen Pferd erst gut an. Beide waren gleichauf. Dann kam die Galoppstrecke, die sich über mehrere Kilometer erstreckte. Der andere Reiter mit seinem Pferd setzte zum Galopp an, Chimbo erst hinterher. Aber dann überholte er in einem unglaublichen Tempo und hielt dies weiter durch. Durchparieren half nicht. Nach etwa 1 ½ Kilometern endete die Galoppstrecke. Chimbo konnte entweder nur geradeaus über einen hohen Schlag an einer Weide setzen oder nach rechts oder links auf einen Querweg abbiegen. Bei der Annäherung entschloss sich der Reiter, nach links abzubiegen, weil es dort etwas abschüssig war. Chimbo aber war entschlossen, nach rechts abzubiegen und war durch nichts dazu zu bewegen, seinem Reiter nach links zu folgen. Allerdings wollte er auch nicht über den hohen Schlag vor sich springen. So kam, was kommen musste: Chimbo bog nach rechts ab, wobei er das Tempo nur geringfügig vermindert hatte. Der Reiter hatte sich auf ein Abbiegen nach links eingestellt, wurde aber nach halbrechts mitgezogen und schoss nun ob der erheblichen Geschwindigkeit, die Chimbo immer noch eingehalten hatte, ca. 5 Meter über einen Graben hinweg dicht an einem Eichenstamm vorbei und landete dann – zum Glück – auf einem weichen Moorboden, ohne sich etwas zu brechen, aber übersät mit Prellungen. Derweil hatte der zurückgebliebene Reiter das Geschehen hinter der Abbiegung nicht weiter beobachten können. Chimbo hatte offensichtlich keine Lust, allein weiterzugaloppieren. Dampfend kam er zurück, der Reiter setzte humpelnd zurück über den Graben. Inzwischen war auch der zurückgebliebene Reiter mit seinem Pferd eingetroffen. Zurück ging es dann im gemächlichen Trab, um nicht noch einmal Gefahr zu laufen, dass Chimbo regelrecht durchging. Dabei ging seinem Reiter durch den Kopf, dass er Glück im Unglück gehabt hatte: Wäre er beim Abbiegen nur 50 cm weiter nach rechts vom Pferd gefallen, hätte er sein Ende an der dort stehenden Eiche gefunden.

Was Chimbos Reiter hinterher erfuhr: Chimbo war mehrere Jahre auf einer Rennbahn im Ruhrgebiet gelaufen. Er hatte dort auch Plazierungen errungen. Daran war dem Hobbyreiter aus dem Nordoldenburgischen nun allerdings nicht gelegen, er wollte ruhig und sicher durch die Gegend reiten, was er auch tat, nachdem er sich von dem Sturz von Chimbo einigermaßen erholt hatte. Auf Galoppritte verzichtete er allerdings für die Zukunft. – Er meinte nur, dass die Verkäuferin von Chimbo ihm vor, zumindest beim Kauf des Pferdes hätte sagen sollen und müssen, dass das Pferd auf einer Rennbahn gegangen war. Aber der evangelische Norden suchte keinen neuen Streit mit dem katholischen Süden. Der Dreißigjährige Krieg, der abschnittsweise als Religionskrieg geführt worden war, lag fast 350 Jahre zurück – und ein neuer Krieg sollte Chimbos wegen nicht ausbrechen. So ließ der Reiter es nicht mehr zu, dass Chimbo mit ihm richtige Rennen veranstalten konnte. Auch Chimbo wurde älter und passte sich allmählich der neuen Reitweise an, die ihm schließlich auch offensichtlich behagte.

18. Ein Ritt über die Puszta

Als Tourist reiste der Besitzer von Hazy Mitte der 80er Jahre nach Ungarn. Das politische Tauwetter hatte dort noch nicht eingesetzt. Die Fahrt mit einem Reiseunternehmen ging zu einem staatlichen Gestüt nahe der sowjetischen Grenze (ja, Ungarn grenzte seit dem letzten Krieg auch an die Sowjetunion, s. Landkarte neueren Datums). Der Besitzer von Hazy sah die Chance, dessen Abstammung zu klären. Aber niemand wusste von ihm; wie sollte auch jemand den Namen „Hazy" kennen, den er erst in Deutschland bekommen hatte? Auch die Beschreibung des Pferdes half nicht weiter. Vage ordnete man ihn dem Stamm Nomo mit Araberblut zu. Dieser Stamm wurde aber andernorts gezüchtet. Im Gestüt standen vorwiegend – man staune – Oldenburger und Hannoveraner Hengste zum Decken. Furioso II. tat sein Bestes und deckte ungarische Stuten, ebenfalls zumeist norddeutscher Abstammung.

Das Gestütshaus war ein altes Herrenhaus, das einmal einem ungarischen Adeligen gehört hatte. Es war frisch gestrichen, aber die Farbe darunter kam schon wieder durch. Der Gestütsleiter, der viel in Deutschland zum Pferdeeinkauf gewesen war und auch gutes Deutsch sprach, erklärte, sie hätten nur Deckfarbe zugeteilt bekommen, Grundierfarbe gebe es erst im nächsten Jahr. – Weshalb denn das komplette Streichen nicht bis zum nächsten Jahr aufgeschoben worden sei? Antwort: Wenn die Deckfarbe in diesem Jahr nicht aufgebraucht würde, gäbe es im nächsten Jahr keine Grundierfarbe – sozialistische Planwirtschaft. Sie wurde vom Gestütsleiter noch an einem weiteren Beispiel erläutert: Er verwies auf ein riesiges Steppengelände hinter dem Gestüt. Das, so sagte er, sei nach dem Krieg in Ackerland umgewandelt worden. Die zugeteilten Dünge- und Unkrautvertilgungsmittel seien aber in den letzten Jahren so knapp geworden, dass die Steppe sich sozusagen von selbst wieder eingestellt habe. Es lohne einfach nicht mehr, Getreide anzubauen.

Ideal für Pferde, meinte der Gestütsleiter, und verwies auf eine große Herde, die am Horizont schwach zu erkennen war. Die Pferde liefen frei herum bis zur sowjetischen Grenze. Und wenn sie an die Grenze kämen, fragte ein Mitreisender: Da ist kein Durchkommen, antwortete der Gestütsleiter kurz, ohne auf Einzelheiten einzugehen. Und er lud Hazys Besitzer gleich zu einem Ritt über die Steppe ein. Er habe ein ruhiges Pferd und gebe einen zuverlässigen Bereiter als Begleiter mit. Kurz entschloss sich Hazys Besitzer, einen Proberitt über die Puszta zu unternehmen – in Touristenkleidung. Der Bereiter brachte ein mittelgroßes, unauffälliges Pferd. Umso auffälliger war der Bereiter selbst: breites Gesicht, pechschwarze Haare und einen ebensolchen Bart, seitlich nach oben gespitzt. Mit seinem Pferd schien er wie verwachsen. Kaum saß der Tourist im Sattel, ging es – ohne Trab – schon ab, im schärfsten Galopp, den der Tourist bis dahin in seinem Leben geritten hatte. Das Pferd unter ihm wurde immer niedriger und flinker. Wie der Bereiter vor ihm stand er im Bügel und legte sich flach nach vorn über den Hals des Pferdes. Wenn das Pferd nur nicht stürzen und wenn es nur immer geradeaus laufen würde! Ob das Pferd auf Paraden reagierte, hatte er gar nicht ausprobieren können. Schon waren sie bei der Herde, die sie erst aus der Ferne gesehen hatten. Das Pferd unter dem Touristen wieherte und ein vielstimmiges Echo der Herde folgte. Das Touristenpferd wurde gleich in die Mitte genommen, während der Bereiter am Rande der Herde hielt. Nun kam mehr Bewegung in die Pferdemasse, sie stürmte wie auf Kommando davon, der Tourist und sein Pferd mittendrin. Um sich sah der Tourist an die hundert Pferdeleiber, dicht an dicht. Staub wirbelte auf, der die Herde einhüllte. Wohin es ging, konnte der Tourist nicht sehen. Aber er hatte das Gefühl, dass es auf die sowjetische Grenze zuging. Was tun? Er versuchte, seinem Pferd Paraden zu geben; erfolglos. Das Pferd war wieder ein reines Herdentier geworden und stürmte weiter mit, kämpfte sich sogar bis an die Tête vor, so dass die Sicht für den Touristen besser wurde. Vor sich – etwa 300 Meter noch – sah er etwas, das wie eine Grenze aussah, mit Stacheldraht und einem Graben. Er erinnerte sich an die Äußerung des Gestütsleiters: Da sei kein Durchkommen. Aber wenn die Herde nun doch – über Stacheldraht und Graben hinweg – in die Sowjetunion einritt, was dann? Er, der Tourist, hatte keine Papiere bei sich, konnte weder ungarisch noch russisch, sah allerdings wie ein Tourist aus. Würde man ihn als deutschen Spion verhaften, der sich, durch eine Pferdeherde getarnt, über die Grenze machen wollte? Würde man ihm seine lauteren Absichten und den unfreiwilligen Über(t)ritt glauben? Noch waren Glasnost und Perestroika unbekannte Worte, und wie die sozialistischen Brüdervölker – die Sowjetunion und Ungarn – miteinander im großen und im kleinen umgingen, wusste unser Tourist auch nicht. Vielleicht gab es seinetwegen noch diplomatische oder gar politische Verwicklungen. Schließlich kam ihm noch der Gedanke, ob er sich vor der Grenze nicht einfach vom Pferd fallen lassen sollte, um dem russischen Bären nicht direkt in den Rachen zu reiten. Aber er verwarf ihn sofort wieder; denn inzwischen war unser Tourist mit seinem Pferd zum Anführer der ganzen Herde geworden, und beim Absprung hätten ihn die nachfolgenden Pferde womöglich zu Tode getrampelt. All dies schoss ihm durch den Kopf, als er plötzlich sah, dass sein Pferd und die nachfolgenden auf eine Lücke im Zaun zustürmten, und er erkannte auch einen Sandweg, versperrt durch einen Schlagbaum in etwa 1 Meter Höhe. Sein Gedanke: da setzen alle Pferde nun leicht drüber. Plötzlich sah er einen russischen Soldaten am Schlagbaum, der zweimal mit der Peitsche knallte. Das wirkte sofort. Die ganze Kavalkade stoppte, das Pferd des Touristen stieg, so dass er nun ganz auf dem Pferdehals lag. Auge in Auge mit dem russischen Soldaten, der irgend etwas Unverständliches schrie. Seit-

lich vom Schlagbaum war ein kleines Wachhäuschen, in dem der Soldat wohl gestanden und sich beim Annähern der Pferde der Peitsche als wirksamster Waffe bedient hatte. Aber wirklich im letzten Augenblick! Was wäre geschehen, wenn der Tourist – nur er – mit seinem Pferd noch über den Schlagbaum gesprungen wäre und alle übrigen Pferde zurückgewichen wären? Aber so weit war es – zum Glück – nicht gekommen. Die Herde verlief sich, der Bereiter war inzwischen herangekommen, wechselte ein paar Worte mit dem Russen – und zurück ging es, leider ohne Unterhaltung; denn der Ungar konnte kein Deutsch und auch auf Englisch und Französisch sprach er nicht an. Dabei hätte ihm der Tourist so manches zu sagen gehabt: Wie konnte der Ungar ihn in die Herde und damit in Richtung sowjetische Grenze reiten lassen? Später – gedolmetscht vom Gestütsleiter – rechtfertigte sich der Bereiter damit, er habe bei der Annäherung an die Herde dem Touristen „Ay, Ay," zugerufen, was so viel heißen sollte wie „Halt, Halt". Das muss man als Tourist aber wissen, „Ei, Ei" bedeutete für ihn – es war um die Osterzeit – etwas anderes.

Auf dem Weg zurück gab der Tourist dem Bereiter durch Zeichen zu verstehen, dass er nicht wieder galoppieren wollte. Der Galopp über die Puszta hin zur sowjetischen Grenze – etwa 7 km – reichte ihm. Unser Tourist wollte traben. Aber merkwürdig, sein Pferd konnte kaum traben, erst die Übung über mehrere Kilometer hinweg brachte langsam Fortschritte. Derweil schaute der Bereiter, der wie ein Mongole aussah, interessiert zu, fiel aus dem Schritt aber gleich wieder in den Galopp. Schließlich hatte auch er den Bogen raus, strahlte über das ganze breite Gesicht und konnte nun doch Deutsch: „Gut, gut" entfuhr es ihm immer wieder. Also hatte er mit seinem Pferd erst jetzt das Traben gelernt!

Der Gestütsleiter meinte, der Bereiter sei ein guter Reiter. Der Tourist konnte es sich nicht verkneifen zu sagen: „Aber nur beim Galopp".

Unterdes war die Reisegesellschaft mit dem Bus schon weitergefahren – ohne unseren Touristen. Dem Reiseleiter war die Zeit zu lang geworden. Der Gestütsleiter hatte den Bus über die Landstraße dort hingeschickt, wo der reitende Tourist mit seinem Bereiter als Begleiter wohl sein müsste. In der Ferne sah man noch die Staubwolke des Busses, der offenbar langsam gefahren war – die Insassen hielten wohl Ausschau nach dem verloren-gegangenen reitenden Touristen. Die Staubwolke war das Signal: Auf ein Zeichen stürmten beide Reiter in Richtung Bus, wieder im schärfsten Galopp, holten den Bus nach einigen Kilometern ein und ritten nach Wildwest-Manier (aber ohne zu schießen), einer rechts, einer links vom Bus. Unser Tourist wurde mit „Hallo" empfangen. Der Bereiter aber nahm den Zügel des Touristenpferdes und ritt im Trab (!) – breit lächelnd dem Bus nachschauend – zurück.

Die Vorgänge in der Puszta hatten sich bis in hohe ungarische Regierungskreise herumgesprochen. Kurze Zeit danach gab das ungarische Postministerium eine Briefmarke heraus, auf der das bewegte Ereignis aus der Puszta graphisch festgehalten wurde, wenn auch mit nur insgesamt acht Pferden. Man erwog längere Zeit, ob man einen der beiden Reiter als Touristen darstellen solle. Dieser Gedanke wurde schließlich verworfen, aus der Erwägung heraus, dass niemand mit dem Touristen etwas verbinden würde, der nicht auch dessen Erlebnis kenne. So wurden die beiden Reiter deshalb als Ungarn dargestellt.

Die Briefmarke ist nachstehend abgebildet.

IX. STREITIGKEITEN UM PFERDE
19. O. CONTRA O.

Ausgesprochen ärgerlich verlief kurz vor 1900 eine Angelegenheit für den Landwirtschaftlichen Hauptverein Ostfriesland wegen einer Intervention des oldenburgischen Innenministeriums beim Reichspatentamt: Dort hatte der Hauptverein durch seinen damaligen Vorsitzenden, Graf Edzard zu Inn- und Knyphausen, ein Warenzeichen für ostfriesische Pferde eintragen lassen. Es bestand aus einen O (für Ostfriesland) und einer Krone darüber.

Ähnlich bestimmte Art. 19 des oldenburgischen Gesetzes betreffend die Förderung der Pferdezucht, dass die „durch Prämien ausgezeichneten Hengste und Stuten … an der linken Lende das Brandzeichen O mit der Krone …" erhalten, wobei „O" natürlich für „Oldenburg" stand. Als das oldenburgische Ministerium des Innern von dem für ostfriesische Pferde eingetragenen Warenzeichen erfuhr, erhob es Widerspruch gegen die Eintragung beim Reichspatentamt. Es verwies vor allem auf die große Gefahr der Verwechselung der beiden Brandzeichen. Im übrigen dürften, so meinte das oldenburgische Ministerium, die Ostfriesen nicht ein oldenburgisches Brandmal, das öffentlich-rechtlichen Charakter habe, verwenden; die Krone über dem „O" stehe für den Großherzog von Oldenburg.

Dieser Argumentation konnte sich das Reichspatentamt nicht verschließen. Es verfügte die Löschung des ostfriesischen Zeichens gemäß § 8 Abs. 2 Ziff. 2 des Warenzeichengesetzes mit der Begründung, dass das oldenburgische Brandzeichen Vorrang vor dem Warenzeichen der Ostfriesen habe:

> „Derartige Autoritätszeichen stehen im begrifflichen Gegensatz zu Warenzeichen. Ihre Verwendung behält sich der Staat vor und versagt sie damit dem Gewerbetreibenden, so daß sie naturgemäß auch unfähig sind, Gegenstand des Ausschließungsrechts eines einzelnen zu werden.
>
> Übrigens kommt auch § 4 Nr. 3 in Betracht."

Die Begründung war falsch, das Ergebnis fragwürdig. Der vom Reichspatentamt zitierte § 8 Abs. 2 WZG regelte nur das formelle (Amts-)Löschungsverfahren („von Amts wegen erfolgt die Löschung:

1. …

2. wenn die Eintragung des Zeichens hätte versagt werden müssen").

Die Frage nach der Eintragungsfähigkeit eines Zeichens richtete sich dagegen nach materiellem Zeichenrecht. Der vom Reichspatentamt zitierte § 4 Nr. 3 WZG war insoweit nicht einschlägig; denn er betraf „ärgeniserregende Darstellungen", von denen nicht die Rede sein konnte. Immerhin mögen sich die Ostfriesen durch diesen Hinweis besonders getroffen gefühlt haben. Gemeint war wohl § 4 Ziff. 2 WZG, wonach die Eintragung für Warenzeichen zu versagen war, welche u. a. in- oder ausländische Staatswappen enthielten. Die Oldenburger Prämienhengste und -stuten trugen indes kein Staatswappen auf ihren Lenden – dies bestand aus einem heraldischen Wappenschild –, sondern ein besonderes Brandzeichen. Allenfalls in Analogie zu § 4 Ziff. 2 WZG ließ sich das Verbot für Ostfriesland rechtfertigen. Dies hatte das Reichspatentamt auch wohl im Auge, wenn es von einem „Autoritätszeichen" sprach. Offenbar war der Respekt vor dem oldenburgischen Zeichen der Autorität auf Pferdeschenkeln aber so groß, dass das Reichspatentamt keine differenzierten Überlegungen über eine Analogie anstellte.

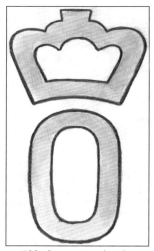

Oldenburger Brandzeichen

Aber auch in anderer Hinsicht hatte der Hauptverein für Ostfriesland Ärger mit den Oldenburgern gehabt: In Ostfriesland war ein Hengst „Admiral" angekört worden. Später wurde dieser auch im oldenburgischen Zuchtgebiet angekört, aber auf den Namen „Beowulf" umgetauft, da es schon zwei „Admirale" in Oldenburg gab. Ein ostfriesischer Züchter hatte nun eine von „Beowulf" stammende Stute durch „Admiral" decken lassen, ohne zu wissen, dass „Beowulf" und „Admiral" – so hieß der Hengst in Ostfriesland als „Butenostfriese" noch immer – identisch waren. Ein schlimmer Fall von Inzucht also: Der Hengstvater deckte seine Stutentochter. – Der Fall gab im Jahre 1898 Anlass, die gegenseitige Anerkennung der Gestütsbezeichnungen und -namen bei den verschiedenen Züchterverbänden anzuregen. Danach durften gekörte Hengste und Stuten immer nur einen Namen tragen.

20. Ein Hengst zum Decken und Erben

Am 19. 3. 1911 erwarb eine oldenburgische Hengsthaltergenossenschaft von einem privaten Pferdezüchter einen Zuchthengst für 16.000,00 Mark, damals schon ein stolzer Preis. Ab Ende März 1911 wurde der Hengst von der Hengsthaltergenossenschaft als Deckhengst eingesetzt. Zur großen Enttäuschung der Mitglieder der Genossenschaft wurde keine der ihm zugeführten Stuten trächtig. Im darauffolgenden Jahr erklärte deshalb die Hengsthaltergenossenschaft die Wandlung des Kaufvertrages wegen Fehlens einer zugesicherten Eigenschaft und verlangte ihr Geld zurück. Da der Verkäufer die Rückzahlung des Kaufpreises verweigerte, kam es zum Prozess, zunächst vor dem Landgericht, dann vor dem Oberlandesgericht Oldenburg.

Die Hengsthaltergenossenschaft hatte behauptet, ihr Vorstandsmitglied G. habe die Vorverhandlungen mit der Erklärung eingeleitet:

> „Wir kaufen den Hengst aber nur unter der Bedingung, derselbe muß decken und erben", d. h. mit Erfolg decken.

Der Züchter soll erwidert haben:

> „Das ist selbstverständlich, sonst könnt ihr denselben ja gar nicht gebrauchen".

Beim Kauf will das Vorstandsmitglied G. nochmals gesagt haben, der „Hengst muß decken und erben", worauf der Züchter erneut erklärt haben soll: „Ja, sonst ist er euch ja nichts wert".

Das Landgericht Oldenburg erhob keinen Beweis über die – streitigen – Äußerungen der Parteien, sondern wies die Klage wegen Verjährung ab: Die sechswöchige Verjährungsfrist der §§ 492, 490 BGB habe mit der Ablieferung des Pferdes im März 1911 begonnen. Bei Erhebung der Klage im März 1912 sei sie längst abgelaufen gewesen.

Daraufhin ließ sich die Hengsthaltergenossenschaft in der Berufungsinstanz etwas Neues einfallen: Es sei ein Garantievertrag über den Hengst abgeschlossen worden dahingehend, dass dessen Zeugungsfähigkeit nicht nur für den Zeitpunkt der Übergabe, sondern auch für die Zeit danach garantiert worden sei. – Das OLG bezeichnete die Auffassung als abwegig.

Weiter hatte die Hengsthaltergenossenschaft geltend gemacht, der Beginn der sechswöchigen Verjährung der §§ 492, 490 BGB für zugesicherte Eigenschaften eines Tieres sei stillschweigend hinausgeschoben worden bis zu dem Zeitpunkt, „in dem die längste mögliche Tragezeit der von dem Hengst in der damaligen Deckperiode zuletzt gedeckten Stute abgelaufen sei oder doch wenigstens bis zu dem Zeitpunkt, in welchem sicher erkennbar sei, dass keine, auch nicht die zuletzt gedeckte Stute trächtig geworden sei".

Das OLG Oldenburg verwarf diese Ansicht mit der Begründung, dass sie zu einer zu großen Rechtsunsicherheit in Bezug auf den Beginn der Verjährungsfrist führe; dies sei mit dem gesetzgeberischen Zweck, Gewährleistungsprozesse rasch zu erledigen, nicht zu vereinbaren.

Das Reichsgericht, in letzter Instanz von der Hengsthaltergenossenschaft angerufen, konnte sich mit der Beurteilung des OLG nicht befreunden. In den Entscheidungsgründen heißt es:

> „Das Berufungsgericht berücksichtigt nicht den erheblichen, anscheinend unbestrittenen Umstand, dass der verkaufte Hengst ein junges, eben erst angekörtes Tier gewesen ist, dessen Tauglichkeit zur Zucht noch nicht erprobt war. Die Zusicherung, dass der Hengst decke und erbe, mußte deshalb notwendigerweise auch Bezug haben auf die Verwendung, die das Tier künftig bei der klagenden Genossenschaft finden sollte. Denn erst bei dieser künftigen Verwendung konnte sich die Eigenschaft als vorhanden erweisen. War nun, wie die Klägerin geltend macht, von vornherein die Möglichkeit ausgeschlossen, daß innerhalb sechs Wochen von der Ablieferung an eine Feststellung über die Zuchttauglichkeit des Tieres getroffen wurde, dann konnte die behauptete Zusicherung, wenn sie überhaupt einen Sinn hatte, nur so von den Parteien gemeint sein, daß gleichzeitig der Klägerin das Recht zu einer entsprechend späteren Geltendmachung des Mangels eingeräumt wurde. Diese Vereinbarung bedurfte, da sie sich aus der Natur der Sache ergab, nicht eines besonderen Ausdrucks in den Parteiabreden …"

Freilich sah auch das Reichsgericht die Schwierigkeit, den Zeitpunkt für den Beginn der Verjährung festzulegen. Es mochte diesen nicht selbst bestimmen, sondern verwies die Sache an das OLG zurück mit der schönen, aber vagen Marschroute:

> „In einem solchen Falle hat der Richter die in dem ausdrücklich Abgesprochenen vorhandene Lücke so auszufüllen, wie es unter den besonderen Umständen Treu und Glauben und die Rücksicht auf die Verkehrssitte erfordern …"

Es ist nicht bekannt, wie das OLG Oldenburg nach der Zurückverweisung der Sache entschieden hat. Immerhin war es ein Trost für das OLG, dass das Reichsgericht seine Ansicht zum – abgelehnten – Garantievertrag als rechtsirrtumsfrei bezeichnet hatte. Nach der Zurückverweisung hatte das OLG zunächst einmal zu klären, ob der beklagte Züchter überhaupt zugesichert hatte, dass der Hengst „decke und erbe". – Auffällig ist, dass alle drei Instanzen sich nicht mit der Frage befasst haben, ob etwa ein Vertrag unter einer Bedingung geschlossen war; denn das Vorstandsmitglied der Genossenschaft hatte nach dem Vortrag der Klägerin ausdrücklich gesagt, dass der Hengst „nur unter der Bedingung" gekauft werde, dass er „decke und erbe".

Wenn man den endgültigen Ausgang des Rechtsstreits um den nicht zuchttauglichen Hengst auch nur vermuten kann, steht doch soviel fest: die Kosten des Prozesses durch vier Instanzen (nach der Zurückverweisung) waren insgesamt höher als der Kaufpreis für den Hengst. Entweder zahlte also die Hengsthaltergenossenschaft mehr als das Doppelte für den Hengst, wenn sie den Prozess verlor – oder der Züchter musste im Ergebnis für den Hengst zuzahlen, wenn er verlor, nämlich die Prozesskosten, während er den Kaufpreis wieder zurück zu zahlen hatte. Dafür bekam er freilich seinen Hengst wieder. Aber wofür, wenn er zwar decken, jedoch nicht „erben" konnte?

Ein alter Oldenburger.

X. Von Kirchen
21. Rotierende Kirchenstühle?

Im Jahre 1868 hatte sich das Oldenburger Oberappellationsgericht mit der Rechtsnatur von Kirchenstühlen in einer katholischen Kirche zu befassen (Archiv, Bd. 10., S. 361 ff). Dabei ging es ohne weiteres davon aus, „daß das katholische Kirchenrecht keine ausgedehnteren Rechte mit dem Besitz von Privatkirchenstühlen verbindet als das protestantische". Für die protestantische Kirche war das Recht der Benutzung an Kirchenstühlen gerade geregelt worden (Gesetz vom 16. 12. 1864, KGBl. II, 293 ff). Darauf ging das Oberappellationsgericht in seiner Entscheidung aber gar nicht ein, wohl, weil es sich um einen Fall aus dem katholischen Kirchenrecht handelte. Ohne sich insoweit an enge Gesetze gebunden zu sehen, machte das Gericht grundsätzliche Ausführungen über Wesen und Zweck von Kirchenstühlen:

> „Kirchenstühle sind ihrer Natur und Bestimmung nach nichts als Anlagen zur Bequemlichkeit der Gemeinde während des Gottesdienstes ...

> Es war wohl besonders das Bedürfnis nach vermehrten Einkünften, was die Gewohnheit einführte, die Kirchenstühle einzelnen Gemeindegliedern zum ausschließlichen, persönlichen und erblichen Gebrauch zu überlassen, was dann nicht ohne Befestigung der Stühle am Fußboden nebst Verschlußvorrichtungen durchzuführen war. ..."

Das Oberappellationsgericht begründete dann seine Auffassung näher, dass hierdurch die Kirchenstühle zum wesentlichen Bestandteil der Kirche geworden seien, „wie alles, was einer Immobilie niet- und nagelfest anhängt". Veräußerlich sei dabei nicht ein Nutzungsrecht an einem bestimmten Teil des Bodens – der Streit ging um die Versetzung eines Kirchenstuhles –, sondern nur das Recht der ausschließlichen Benutzung des Stuhls während des Gottesdienstes:

> „Substrat dieses Rechts ist wesentlich der Stuhl, dessen Befestigung am Boden aber in gewissem Sinne nur äußerlich eintritt, indem nämlich ... die Verleihung eines ausschließlichen Rechtes an einem Kirchenstuhl ohne Fixierung desselben nicht durchführbar ist. ... Niemand wird es einfallen, zu behaupten, daß das Recht am bearbeiteten Holze als solchem hafte und daß die Kirchenbehörde dem Besitzer den Stuhl im buchstäblichen Sinne vor die Tür setzen dürfe ..."(!).

Das Oberappellationsgericht begründete dann seine Ansicht, dass die Kirchenbehörde grundsätzlich das Recht habe, einen ausgegebenen Stuhl wieder einzuziehen oder dem Besitzer einen anderen anzubieten, bei minderer Qualität allerdings nicht, ohne ihn zu entschädigen. Das Ergebnis war danach: Kirchenstühle dürfen von der Kirchenbehörde innerhalb des Kirchenraumes auch versetzt werden. Zwar seien sie Bestandteil einer Immobilie – des Kirchengebäudes; das schließe aber nicht aus, dass Kirchenstühle gelegentlich mobil würden. In diesem Falle – und mit diesem hübschen Satz schließt die Begründung ab – ist „die Beweglichkeit innerhalb des Kirchenschiffes dann in ihrer innersten Natur begründet".

Ob dem Gericht dabei rotierende Kirchenstühle vor Augen gestanden haben, ist nicht bekannt. Vielleicht glaubte es, dass ein Wunder auch so etwas bewirken könne.

Archiv für die Praxis

des gesammten

im

Großherzogthum Oldenburg
geltenden Rechts.

Fünfter Band.

Oldenburg, 1855.
Schnellpressendruck und Verlag der Schulze'schen Buchhandlung.
(W. Berndt.)

22. Der Lichtmast im Pfarrgarten

Anfang der 20er Jahre des vorigen Jahrhunderts klagte der evangelisch-lutherische Oberkirchenrat in Vertretung für eine Kirchengemeinde aus dem Oldenburgischen gegen eine „Lichtgenossenschaft", die eine Hochspannungsleitung unterhielt. Ein Mast der Leitung war in den Garten eines Pfarrers gesetzt worden.

Der Rat der Kirchengemeinde hatte dem zugestimmt. Der Mast im Pfarrgarten missfiel aber dem Oberkirchenrat. Er verklagte deshalb die „Lichtgenossenschaft" auf Entfernung des Mastes. Damit hatte der Oberkirchenrat aber keinen Erfolg (Urteil des OLG Oldenburg vom 28. 5. 1924 – U 73/24; Zeitschrift für Verwaltung und Rechtspflege in Oldenburg, 51. Bd., S. 186 ff.).

Der Oberkirchenrat argumentierte: Der Mast verunziere den Pfarrgarten und mindere den Wert des Grundstücks. Der Kirchenrat der Kirchengemeinde habe durch Beschluss vom 27. 4. 1923 der Errichtung des Mastes zwar zugestimmt; dieser Beschluss sei aber vom Oberkirchenrat als „ungesetzlich" aufgehoben worden. Es läge nämlich eine Interessenverquickung vor: Die Kirchenältesten, welche fast alle Mitglieder auch der „Lichtgenossenschaft" seien, hätten, „in Verletzung ihrer Pflichten als Kirchenratsmitglieder ihre persönlichen Interessen als Genossen der Lichtgenossenschaft maßgebend sein lassen". Dabei hatten die Mitglieder des Kirchenrates und der „Lichtgenossenschaft" nur den Wunsch, dass es – endlich – auch bei ihnen Licht werde. Selbst der Pfarrer hatte deshalb der Aufstellung des Mastes in seinem Garten zugestimmt.

Nachdem der Oberkirchenrat den zustimmenden Beschluss des Rates der Kirchengemeinde aufgehoben hatte, forderte er die Kirchengemeinde auf, Klage gegen die Lichtgenossenschaft zu erheben. Der Kirchenrat der Gemeinde lehnte dies jedoch ab. Daraufhin klagte der Oberkirchenrat nun selbst, wobei als Klägerin die „Kirchengemeinde Sch., vertreten durch den Kirchenrat, dieser vertreten durch den evang.-luth. Oberkirchenrat zu Oldenburg" bezeichnet wurde. Allerdings hatte der Oberkirchenrat auch erklärt, „daß er evtl. nicht als Vertreter des Gemeindekirchenrates, sondern auch aus eigenem Recht klage".

Das Oberlandesgericht untersuchte zunächst die Frage, ob der Oberkirchenrat namens der Kirchengemeinde überhaupt klagen könne. Ausgangspunkt war dabei § 107 Abs. 1 Zi. 3 der Verfassung der evanglisch-lutherischen Kirche des Landesteils Oldenburg vom 12. November 1920:

> „Demgemäß liegt dem Oberkirchenrat namentlich ob:
>
> 1. …

2. …

3. Die Kirchengemeinden zu den ihnen gesetzlich obliegenden Leistungen und Einrichtungen aufzufordern und, wenn diese Aufforderung ohne Erfolg bleibt, das Nötige auf Kosten der Kirchengemeinde auszuführen, insbesondere auch die erforderlichen Mittel in den Voranschlag eintragen und deren Erhebung vollziehen zu lassen."

In längeren Ausführungen begründete das Oberlandesgericht seine Auffassung, dass § 107 Abs. 1 Zi. 3 wohl eine Grundlage für eine indirekte Stellvertretung der Kirchengemeinde durch den Oberkirchenrat bilden könne: Unter „Leistungen" und „Einrichtungen" im Sinne dieser Bestimmung könne „auch die Anstrengung einer Negatorienklage behufs Beseitigung des unberechtigt in den Schweiburger Pfarrgarten gesetzten Mastes der Hochspannungsleitung" verstanden werden. Aber es fehle an der weiteren Voraussetzung, dass es sich um eine gesetzliche Obliegenheit der Kirchengemeinde handeln müsse. Zwar habe nach § 31 Zi. 10 der Kirchenverfassung der Kirchenrat das Vermögen der Kirchengemeinde zu bewahren, aber „allein dadurch wird eine Verfügung über Kirchengut in den verfassungsmäßigen Grenzen nicht ausgeschlossen und eine oberliche Genehmigung ist, wie die Beklagte mit Recht hervorhebt, in § 37 nur zur Veräußerung, nicht aber zur dauernden und vorübergehenden Belastung von Grundstücken (…) erforderlich"; der Oberkirchenrat sei deshalb nicht berechtigt gewesen, die von der Kirchengemeinde innerhalb ihrer Zuständigkeit getroffene Maßregel gemäß § 107 Abs. 2 der Kirchenverfassung „hinsichtlich ihrer Nützlichkeit und Zweckmäßigkeit" zu beanstanden. Deshalb habe der Kirchenrat auch ohne Genehmigung des Oberkirchenrates der Aufstellung des Mastes zustimmen können und dürfen, auch wenn der Oberkirchenrat den – zustimmenden – Beschluss des Kirchenrates unberechtigterweise aufgehoben habe.

Der Frage, ob der Oberkirchenrat – hilfsweise – aus eigenem Recht klagen könne, ging das OLG nicht weiter nach; denn darin liege eine Klageänderung, der die beklagte Lichtgenossenschaft nicht zugestimmt habe und der als nicht sachdienlich auch nicht weiter nachgegangen werden müsse. Das Gericht umging so die Frage, ob der Oberkirchenrat etwa ein eigenes Recht am Pfarrgarten und auf Entfernung des dort gesetzten Mastes hatte.

So blieb also der Lichtmast im Pfarrgarten stehen – und erfüllte offenbar seinen Zweck, den Mitgliedern der Kirchengemeinde das lang entbehrte elektrische Licht zu verschaffen.

Sehr zum Ärger des Oberkirchenrates wurden ihm auch noch die Kosten des Rechtsstreits auferlegt und nicht etwa der klagenden Kirchengemeinde, da das Gericht den Oberkirchenrat als „nicht legitimierten Vertreter" der Klägerin ansah.

Das Beispiel zeigt, dass schon in den 20er Jahren des vorigen Jahrhunderts um eine Geringfügigkeit wie einen Lichtmast gestritten wurde, wie heute unter Nachbarn häufig um überhängende Zweige oder Wurzeln, die sich unter einem Zaun auf das Nachbargrundstück geschoben haben.

b) Zivilsachen.

1. Ist der evangelisch-lutherische Oberkirchenrat zu stellvertretenden Handlungen für eine Kirchengemeinde befugt? Wie weit reicht das Aufsichtsrecht desselben über die Kirchengemeinden? Inwieweit unterliegt die Rechtmäßigkeit einer Verfügung der kirchlichen Organe einer Nachprüfung durch die Gerichte?

Leitsätze der Entscheidung des OLG vom 28. 5. 1924 (siehe S. 76).

XI. Pechvögel

23. Der Diebstahl eines Jagdpferdes

Heute werden Kraftfahrzeuge gestohlen, früher waren es Pferde, die nicht nur zur – notwendigen – Fortbewegung benutzt wurden, sondern auch zum Jagdvergnügen: der Parforce-Jagd. Sie ist heute nicht mehr erlaubt – heute dürfen die Jagdreiter mit oder ohne Meute nur noch hinter einer Schleppe her reiten. Im Jahre 1820 war das noch anders. Da folgte der Reiter D. frohgemut der Einladung zu einer Parforce-Jagd. Er sattelte sein Pferd, um mit ihm zum Treffpunkt zu reiten, sein Jagdzeug am Pferd verstauend. Die Jagd war auch erfolgreich: D. erlegte einen Fuchs. Auf dem Rückweg kam er über einen Viehmarkt in V., auf dem auch Pferde gehandelt wurden. Noch im Hochgefühl der erfolgreichen Jagd wollte D. ein weiteres Pferd kaufen. Sicherheitshalber nahm er das Jagdzeug – Drilling und Jagdtasche – sowie den Sattel von seinem Pferd, das er am Zügel an einem Baum festband. Als er um das neue Pferd handelte, passierte es: Sein Pferd verschwand – von unsichtbarer Hand entführt. Als D. dies schließlich merkte, schwand bei ihm die Lust zum weiteren Pferdehandel. In seiner Not wandte er sich an die örtliche Gendarmerie, die auch sofort Ermittlungen aufnahm, damit aber nicht so recht vorankam und schließlich unter dem 13. Oktober 1820 folgenden Steckbrief aufgab:

> „Auf dem Viehmarkt in V., Landkommissariat J., ist unterm 29. September letzthin ein kastanienbrauner Wallach, 6 Jahre alt, 4 Schuh hoch, etwas gestreckt, mit kurzen Füßen, gestohlen worden. Derselbe war im Augenblick des Diebstahls aufgezäumt. ... Nach den bereits erhobenen Nachrichten ist der Dieb, dessen Personal-Beschreibung

hierunter beygefügt wird, unterm 2ten des laufenden Monats auf dem Viehmarkt zu J. gesehen worden. Sämtliche gerichtliche und Polizei-Behörden des In- und Auslandes werden eingeladen und dienstergebenst ersucht, auf das gestohlene Pferd und den Dieb ein wachsames Auge zu haben, ersteres in Beschlag zu nehmen, den Dieb aber im Betretungsfall festzuhalten und davon Nachricht zu ertheilen."

Leider ist nicht überliefert, ob D. sein Pferd wieder bekommen hat. Auch weiß man nicht, wie er mit seinem Jagdzeug und dem Sattel, aber ohne Pferd, vom Viehmarkt in V. wieder nach Hause gelangt ist. In ähnlicher Situation befinden sich heute Leute, denen ihr Fahrzeug entwendet wurde, oft sogar mit „Jagdzeug", d. h. im Wagen gelassene Utensilien wie Fahrzeugpapiere, Ausweise, „Navi" etc.

24. Ein Familienausflug

Der Familienvater V. hatte sich einen neuen Wagen zugelegt, ein Glanzstück. Stolz betrachtete er ihn, nachdem der Händler ihm den Wagen vor die Tür gefahren hatte. Die Familie – Ehefrau und zwei Kinder – wurden aus dem Hause geholt und staunten ebenfalls über das Prachtexemplar. Im Überschwang der Gefühle lud V. seine Familie gleich zu einer „Einweihungsfahrt" ein, wie er es nannte. Die Fahrt sollte zu einem Großwildpark im Nordwesten gehen.

Auch im Großwildpark nahm sich der neue Wagen zwischen Giraffen, Löwen, Tigern und Elefanten gut aus. Ein Elefant trat näher an den Wagen heran, um das Glanzstück genauer zu betrachten. Die Hochstimmung im Wagen ließen V. und seine Familie vergessen, dass es verboten war, Tiere im Park zu füttern sowie Türen und Fenster des Fahrzeugs zu öffnen. Das Fenster an der Fahrerseite wurde heruntergedreht. Der Elefant streckte neugierig seinen Rüssel durch die Öffnung. Schnell wurden Kekse hervorgekramt. Der Elefant nahm sie mit Freude auf. Vor Vergnügen trompetete er, hob ein Bein und pendelte damit nach vorn. Die Tür an der Fahrerseite erhielt dadurch einen Schlag und eine starke Delle. Das führte zu einer Panik im Inneren des Wagens: Die Kinder schrien. V. versuchte, das Fenster hochzudrehen. Dazwischen war aber noch der Rüssel des Elefanten. Er wurde eingeklemmt. Das missfiel dem Elefanten offensichtlich. Er riss seinen Rüssel heraus, um ihn gleich anschließend auf das Wagendach zu schleudern. Das Dach wurde nun auch erheblich eingedellt. Der heftige Schlag auf das Dach veranlasste V. zu dem Entschluss, unterstützt von seiner Familie, den Großwildpark schnellstens zu verlassen. Erst vor dem Ausgang atmeten die Insassen auf. V. besah sich den Schaden von außen: Neu war der Wagen nicht mehr. Die Tür musste wohl erneuert werden, so stark war der Eindruck vom Fuß des Elefanten. Das Dach konnte evtl. wieder ausgebeult werden.

Vor Kummer beschlossen V. und seine Familie, sich in der Gaststätte vor dem Großwildpark erst einmal zu stärken. Der Kummer von V. war so groß, dass er über seinen Durst Alkohol trank, ohne dies selbst zu merken. Auch seine Familie achtete darauf nicht; sie war noch zu sehr mit den Ereignissen im Großwildpark beschäftigt.

Auf der Rückfahrt über die Autobahn geriet V. mit dem Wagen an den Schluss einer Autoschlange. Kaum hatte er Anschluss gefunden, fuhr ein nachfolgender Verkehrsteilnehmer mit seinem Auto hinten auf seinen Wagen auf. Nun hatte sein neuer Wagen die dritte, starke Einbeulung hinten am Fahrzeug. Die Polizei wurde gerufen. Sie nahm den Unfall auf. Dabei konzentrierte sie sich in erster Linie auf den Auffahrenden, der offensichtlich Schuld an dem Unfall hatte. Erst zum Schluss wandte sich die Polizei V. zu.

Es schien alles in Ordnung, von dem Alkoholgenuss von V. merkte die Polizei anscheinend nichts. Schließlich ging ein Polizeibeamter noch um den Wagen von V. herum. Er entdeckte die Beulen an der linken Fahrertür und auf dem Dach. V. wurde befragt, woher diese Beulen stammten, sie könnten doch nicht durch den Auffahrunfall entstanden sein. Wahrheitsgemäß erklärte V., ein Elefant habe die Beulen verursacht. Darauf einer der Polizeibeamten: „Dann kommen Sie mal mit". V. wurde einem Alkoholtest unterzogen. Dieser verlief positiv. Die Blutprobe ergab einen Promille-Gehalt von 1,35. V. war nun auch noch seinen Führerschein los, seine Ehefrau, die einen Führerschein besaß, musste den beschädigten Wagen nach Hause lenken.

All dieses geschah an einem Nachmittag. Abends zog sich V. in seine Stammkneipe zurück. Er ertränkte seinen Kummer wiederum in Alkohol und erzählte seinen Freunden von dem Geschehen. Alle Freunde waren sich darin einig, dass die Antwort von V. gegenüber dem Polizeibeamten zwar wahrheitsgemäß, aber taktisch falsch war: Der Polizeibeamte habe offensichtlich geglaubt, V. sei nicht ganz klar im Kopf oder wolle ihn auf den Arm nehmen. Er selbst habe das Maß also sozusagen voll gemacht. Das tröstete V. wenig, auch nicht, dass seine Freunde meinten, V. hätte nach dem Alkoholgenuss doch seine Frau fahren lassen sollen. Alle meinten, V. sei an nur einem Nachmittag wirklich ein großes Unglück widerfahren und sammelten schließlich für ihn. Das Ergebnis war nicht berauschend. Vom gesammelten Geld kann V. wohl nur die Delle im Dach beseitigen lassen. Dies ist wenigstens ein kleiner Trost. Das übrige Lehrgeld muss V. selbst bezahlen. So schmerzlich das ist, auch für die Familie: V. wird darüber hinweg kommen in der Hoffnung, dass ihm soviel Pech an einem Nachmittag nicht noch einmal zustoßen wird.

XII. Auf Rädern
25. Ein Zylinder – vom Winde verweht.

Im 19. Jahrhundert gab es noch Originale. Besonders reich daran war Ostfriesland. Ein Original war der Schäfer Edo Janßen aus Reepsholt, geb. 1809, gest. 1886. Ihm gehörte die Schäferei im Gebiet des jetzigen Knyphauserwaldes an der Straße von Reepsholt nach Wittmund. Das Schäferhaus war dort, wo heute das Forsthaus am Rande des Knyphauserwaldes steht. Um 1850 war rund herum noch alles Heide. Im Jahre 1868 kaufte Graf Edzard zu Inn- und Knyphausen einen Teil der Heideflächen zur Größe von 1626 Morgen von der Erbegemeinschaft Cassens für 50000 Mark, 1874 weitere 1275 Morgen, 800 Ruten und 500 Schafe für 30000 Mark von Janßen. Das ganze Gebiet wurde nach und nach aufgeforstet. Mit der Schafhaltung von Edo Janßen war es nun vorbei. Das war aber auch sein Glück; denn der Wollpreis war durch billige Einfuhren von Wolle aus Australien stark gesunken, und die Schafhaltung lohnte sich deshalb nicht mehr. Janßen hatte gerade noch rechtzeitig verkauft. Das Geld legte er in Ackerland an. Den Acker bewirtschaftete er auch im hohen Alter noch selber. Dazu hatte er von dem Erlös aus dem Verkauf der Schäferei ein kräftiges Ostfriesenpferd angeschafft. Seine weniger vermögenden Nachbarn mussten sich mit Ochsen oder gar Kühen vor dem Pflug begnügen.

Zum Pflügen hatte Edo Janßen immer einen Zylinderhut aufgesetzt; dabei ging er zumeist barfuss hinter dem Pflug. Nur beim Frühstück auf dem Acker setzte er den Hut ab. Bei einer Begrüßung zog er ihn dagegen nie.

Eines Tages, als Edo Janßen gepflügt hatte, passierte es, dass der Zylinderhut ihm durch einen heftigen Windstoß vom Kopf geweht wurde, nachdem er gerade das Pferd vor einen zweirädrigen Karren gespannt hatte, auf dem er den Pflug zum Acker und zurück zu befördern pflegte. Der Hut segelte mit der Öffnung nach unten direkt auf den Kopf des Pferdes, wo dessen Ohren ihm vorübergehend Halt gaben. Ein merkwürdiger Anblick, dachte Edo Janßen noch, ein Pferd mit Zylinderhut auf dem Kopf, da flog der Zylinder schon weiter, vor die Hufe des Pferdes. Dadurch aufgeschreckt, stieg das Pferd und stürmte davon.

Edo Janßen hatte gerade noch die Zügel aufnehmen können, wurde dann nach vorn gerissen und landete auf dem Boden des zweirädrigen Karrens, bäuchlings und nach vorn rüberhängend. Es gelang ihm noch, den Zylinderhut, der inzwischen unter das Gefährt geraten war, vom Boden aufzuheben, bevor der Wagen darüberfuhr. Mit einem harten Schlag drückte Edo Janßen sich den Zylinder auf den Kopf, tief ins Gesicht – und nun ging die wilde Jagd quer über den Acker los. Es gelang Edo Janßen nicht, die Zügel im Liegen straffer anzuziehen, er konnte sie nur halten. Aus jeder Furche wurde der Karren hochgeschleudert – und es sah so aus, als ob Edo Janßen mit dem Zylinder vorn auf dem Kopf und den bloßen Füßen am Ende abhob. Das tat er auch, fiel aber immer wieder hart auf den Boden des Karrens zurück, sich an den Zügeln festhaltend. Schließlich kam das Ende des Ackers mit einem Graben. Da es Herbst war, führte der Graben ziemlich viel Wasser. Das Pferd sprang über ihn, beim harten Aufschlag des Karrens am gegenüberliegenden Grabenrand verlor Edo Janßen die Zügel, an denen er sich noch festgehalten hatte, rutschte nach hinten vom Karren und fiel in den Graben. Völlig durchnässt und triefend machte er sich barfuss, aber mit erhobenem Haupt und dem Zylinder darauf, auf dem Heimweg. Das Pferd mit dem Karren kannte natürlich den Weg zum Stall und traf gleichzeitig mit Edo Janßen dort ein, der eine Abkürzung genommen hatte. Er hatte blaue Flecken und eine Erkältung davongetragen, welche er mit einem steifen Grog behandelte, sonst war alles glimpflich abgelaufen.

Nach diesem Vorfall ließ Edo Janßen einen Lederriemen am unteren Rand des Zylinders anbringen, auf dass er ihm nicht wieder wegfliege. Mit demselben Zylinder ging er auch sonntags in die Kirche, bis der Hut nicht mehr schwarz, sondern grau und unansehnlich geworden war. Zudem hatte er eine Delle von dem Huf des Pferdes abbekommen, die nicht ganz wieder ausgebügelt werden konnte. Zum 70. Geburtstag von Edo Janßen wurde für den Kirchgang ein neuer Zylinderhut angeschafft. Der alte Zylinderhut aber tat immer noch seine Dienste auf dem Acker.

Wenn Besuch zu Edo Janßen und seiner Familie kam, saßen alle um das Herdfeuer herum. Dabei trug Edo Janßen eine gestrickte Zipfelmütze. War er müde, zog er sich zum Schlafen zurück. Dem verdutzen Besuch, der noch gar keine Neigung hatte, zu gehen, sagte er:

„Good Nacht uns Volk; wer da kummt, mutt ok weten, dat he wedder geit"

– sagte es und verschwand, ohne sich von den Gästen zu verabschieden, in seine Kammer. – Keiner hat es ihm übel genommen.

26. Wie kennzeichnet man ein Fuhrwerk?

Jedermann weiß, das Kraftfahrzeuge mit vorgeschriebenen Kennzeichen versehen sein müssen (§§ 6 ff Straßenverkehrsgesetz, § 18 Straßenverkehrsordnung). Wie aber sieht es mit Fuhrwerken aus? Auch dafür gibt es in der Straßenverkehrszulassungsordnung (§ 64 b) eine Bestimmung:

> „An jedem Gespannfahrzeug … müssen auf der linken Seite Vorname, Name und Wohnort (Firma und Sitz) des Besitzers in unverwischbarer Schrift deutlich angegeben sein."

Der Grund ist: Der Halter eines von Zugtieren gezogenen Fuhrwerks muss identifiziert werden können, etwa, wenn es zu einem Unfall gekommen ist, wie ein Kfz anhand des amtlichen Kennzeichens mit seiner Zulassung für einen bestimmten Halter. Es soll aber auch ein Gespannlenker sich nicht unerkannt davonmachen können, wenn er an einem Unfall beteiligt war und Unfallflucht begehen will.

In § 3 der Straßenverkehrsordnung vom 26. 7. 1926 lautete die Vorschrift über die Aufschrift bei Gespannen noch etwas anders:

> „Bespannte Lastfuhrwerke … müssen auf der linken Seite des Fuhrwerks oder an dem Geschirr des linken Zugtieres mit einer deutlich lesbaren, unverwischbaren Aufschrift versehen sein, die den Vor- und Zunamen sowie den Wohnort des Fuhrwerksbesitzers (Firma und deren Sitz) angibt."

Nach den Feststellungen des Amtsrichters in einem Urteil aus dem Jahre 1931, gegen das sich die Revision zum Oberlandesgericht Oldenburg richtete, trugen die Pferde des vom Angeklagten zu 1) am 9. 1. 1931 gelenkten und dem Angeklagten zu 2) gehörenden Fuhrwerks jeweils vor ihrer Stirn ein Blechschild mit der durchbrochenen Schrift „A. Janssen". – Es fehlten die Angaben über den Wohnort des Besitzers. Das Amtsgericht verurteilte deshalb beide Angeklagten wegen einer Verkehrswidrigkeit.

Die Angeklagten hatten sich aber auch darauf berufen, dass die auf dem Fuhrwerk befindlichen Mehlsäcke die im Gesetz vorgeschriebenen Angaben enthielten. Das Amtsgericht wie auch das Oberlandesgericht verwarfen diese Einlassung, das Oberlandesgericht mit der Begründung:

> „… der § 3 der Straßenverkehrsordnung läßt es nicht genügen, daß die Identität des Fuhrwerks tatsächlich festgestellt werden kann, verlangt vielmehr eine Kennzeichnung des Fuhrwerks in ganz bestimmter Form, nämlich an der linken Seite des Wagens oder an dem Geschirr des linken Zugpferdes. Diesen Anforderungen aber entspricht

die Anbringung der Aufschrift auf den Mehlsäcken, wie das Amtsgericht zutreffend ausgeführt hat, nicht."

Aber die Angeklagten hatten sich auch noch auf etwas anderes berufen: Sie behaupteten, das linke Zugpferd habe eine Schutzdecke getragen, die mit der vom Gesetz geforderten vollen Aufschrift versehen gewesen sei; die Decke sei mit Ösen am Geschirr des Pferdes befestigt gewesen. – Dies gab dem Oberlandesgericht doch zu denken. – Heute würde eine Aufschrift am Pferd nicht vorschriftsmäßig sein, da § 64 b SdVZu eine Beschriftung am Wagen vorschreibt. § 3 der StVO von 1926 ließ aber auch eine Aufschrift am „Geschirr" des linken Zugtieres zu. Für das Oberlandesgericht stellte sich nun die Frage, ob die Decke (mit der Aufschrift) zum Geschirr des Pferdes gehörte.

Das Amtsgericht hatte als gerichtsbekannt vorausgesetzt, dass eine Decke nicht zum Geschirr gehört. Das Oberlandesgericht war sich darin aber nicht so sicher. Es hob das Urteil des Amtsrichters auf und verwies die Sache an ihn zurück mit der Anweisung:

„Bei der erneuten Verhandlung wird das Amtsgericht festzustellen haben, ob das linke Zugpferd am 9. 1. tatsächlich mit einer am Geschirr befestigten Schutzdecke, die eine deutlich lesbare, den gesetzlichen Erfordernissen entsprechende Aufschrift trug, versehen war, und weiter, ggfs. unter Zuziehung eines Sachverständigen (!), zu prüfen haben, ob die Schutzdecke in konkreten Fall als Zubehör des Geschirrs angesehen werden kann."

Mit solchen „Peanuts" musste sich ein Oberlandesgericht vor über 75 Jahren befassen. Leider ist nicht überliefert, wie der Amtsrichter seine „Schularbeiten", die ihm das Oberlandesgericht aufgegeben hatte, erledigt hat, auch nicht, ob er etwa noch einen Sachverständigen mit der Beantwortung der Frage beauftragt hat, ob „im konkreten Fall" die Schutzdecke als Zubehör des Geschirrs anzusehen war oder nicht.

27. Das Kalb auf dem Motorrad – Ein Fall von Tierquälerei?

Im Jahre 1929 hatte das Amtsgericht Jever den Landwirt A. wegen Tierquälerei bestraft. A. hatte auf seinem Motorrad ein neugeborenes Kalb befördert, das auf dem Tank vor seinem Sitz gelegen hatte, und zwar in Längsrichtung. Über dem Tank hatte er eine Decke ausgebreitet. Während das Kalb neugierig nach vorne sah, baumelten seine Beine seitlich neben der Decke herunter. Mit einem Arm lenkte A. das Motorrad, die andere Hand ruhte auf dem Kalb.

In der Verhandlung gab der Landwirt als Grund für dies unübliche Gespann an: Die Kuh habe keine Milch gegeben, so habe er das Kalb zu einem mehrere Kilometer entfernt wohnenden Nachbarn gefahren, der eine Kuh gehabt habe, die auch gerade gekalbt hatte; dies habe „absprachegemäß" sein Kalb mit säugen sollen. Ein anderes Fahrzeug habe er nicht zur Verfügung gehabt. Im übrigen habe sich das Kalb sichtlich wohl auf dem Motorrad gefühlt. Es habe neugierig in die Welt geschaut, die ihm noch so völlig fremd gewesen sei, und habe vom Motorrad gar nicht wieder herunter wollen.

Doch das alles nützte A. nichts: Der Amtsrichter verstand keinen Spaß und verurteile A. wegen Übertretung einer Bestimmung der Ministerialbekanntmachung vom 1. Februar 1876 „betreffend die Verhütung der Tierquälerei" zu einer Geldstrafe. A. ließ Revision beim Oberlandesgericht Oldenburg einlegen. Doch auch hier fand A. kein Recht.

§ 1 der Ministerialbekanntmachung vom 1. Februar 1876, betreffend die Verhütung der Tierquälerei, lautete:

> „Alle zur Beförderung von lebenden Tieren benutzten Fuhrwerke müssen so geräumig sein, daß die Tiere nebeneinander stehen oder liegen können, ohne gepreßt oder gescheuert zu werden, und so hohe Wandungen haben, daß ein Überhängen der Köpfe über die Wandungen nicht vorkommen kann."

Des weiteren war in § 1 Abs. 2 bestimmt, dass die Tiere während des Transports auf Wagen oder Schiebkarren nicht ohne Not geknebelt und nicht aufeinanderliegen dürfen; der Zweck der Raumersparnis begründe „unter keinen Umständen" einen Fall der Not. Beim Ein- und Ausladen seien die Tiere zu heben, nicht zu werfen oder zu schleifen.

Alles dies war ersichtlich auf Fuhrwerke zugeschnitten, d. h. von Pferden oder Ochsen gezogene, zwei- oder vierrädrige Karren oder Wagen. Automobile gab es 1876 noch nicht, und Motorräder wurden erst im 20. Jahrhundert erfunden. An eine Anpassung der Verordnung von 1876 an die Verhältnisse nach der Motorisierung zu Beginn des 20. Jahrhundert hatte noch niemand gedacht. Doch damit wurde das Oberlandesgericht in seiner Entscheidung vom 18. 11. 1929 fertig:

> „Diese Bestimmung findet nicht nur auf die z. Z. des Erlasses der Bekanntmachung vorhandenen, sondern auch auf solche Fuhrwerke Anwendung, die später erfunden worden sind; zu diesen gehört auch das Motorrad. Es kommt nicht darauf an, daß es heute unter den engeren Begriff „Kraftfahrzeug" gebracht ist und die Bezeichnung „Fuhrwerk" z. B. in der Oldenburgischen Straßenverkehrsordnung vom 26. Juli 1928 auf die ohne Geleise durch Menschen oder Tiere fortbewegten Fahrzeuge unter Ausschluß von Fahrrädern usw. beschränkt ist. Denn entscheidend ist allein der Begriff, den das jeweilige Gesetz mit dem Ausdruck verbindet. Der Begriff „Fuhrwerk" im Sinne der Min.-Bek. vom 1. Februar 1876 ist dabei im weitesten Sinne gefaßt, nach der ausdrücklichen Bestimmung des § 5 umfaßt er sogar die Eisenbahnwagen."

Nun lassen sich allerdings Eisenbahnwaggons, was die Beförderungsmöglichkeit von Tieren anbetrifft, schlecht mit der Möglichkeit der Beförderung eines Tieres auf einem Motorrad vergleichen. Das OLG kam aber auch darüber hinweg, dass die Verordnung von 1876 offensichtlich den Transport von mehreren Tieren, „die nebeneinander stehen oder liegen" können, im Auge hatte:

> „Ebensowenig ist die Bestimmung dahin auszulegen, daß sie nur auf Fuhrwerke, in denen mehrere Stück Vieh befördert werden, Anwendung findet. Allerdings ist nicht zu verkennen, daß der Wortlaut Zweifel aufkommen lassen kann. Wenn man aber den Sinn der Bestimmung ins Auge faßt, so kann als Wille des Gesetzgebers nicht zweifelhaft sein, daß Tiere in allen Fuhrwerken so zu befördern sind, daß sie stehen oder liegen können, ohne gepresst oder gescheuert zu werden. Vor allem läßt der Teil der Bestimmung, der von den Wandungen des Fuhrwerks handelt, keine Zweifel zu, daß alle zur Beförderung von Tieren benutzten Fuhrwerke – gleichgültig wieviele Tiere befördert werden – hohe Wandungen haben müssen …"

Nun hatte das Motorrad keine „Wandungen", die ein „Überhängen der Köpfe" nicht zuließen. Auch dabei hatte der Verordnungsgeber ersichtlich Fuhrwerke im Auge – und damit das Vieh nicht drüber hinwegsehen konnte, mussten die Wandungen der Fuhrwerke auch hoch genug sein. Im übrigen lag das Kalb auf dem Motorrad; es wurde auch nicht „gepresst oder gescheuert", sondern fühlte sich nach der Einlassung des A. dort sichtlich wohl. Welchem Kalb, so ließ er mit der Revision vortragen, werde schon das Vergnügen zuteil, gleich nach der Geburt eine angenehme Fahrt in die helle, neue Welt zu unternehmen, wo es doch vorher – im Bauch der Kuh – so dunkel war. Doch das OLG ging darauf gar nicht ein, sondern holte sehr weit aus, um die Polizeiverordnung auch von ihrer Grundlage her zu rechtfertigen:

> „Die allgemeinen Aufgaben der Polizei bestehen in der Aufrechterhaltung der öffentlichen Ruhe, Ordnung und Sicherheit und der Abwendung von Gefahren vom Publikum und von einzelnen (…). Die Erhaltung der Ruhe, Ordnung und Sicherheit bedeutet die Fernhaltung von Gefahren von Staat und Gesellschaft (…), d. h. die Aufrechterhaltung eines Zustandes, der nach allgemeiner Auffassung die unerläßliche Grundlage eines geordneten menschlichen und staatsbürgerlichen Zusammenlebens bildet, und umfaßt den Schutz der die Grundbedingungen der menschlichen Gesellschaft bildenden Gesetze der Religion, der Sittlichkeit, der Sitte, des Herkommens und der Rechtsordnung (…). Ebenso ist der Begriff ‚Abwendung von Gefahren vom Publikum und von einzelnen‘ im weitesten Sinne zu verstehen. Er umfaßt nicht bloß Gefahren für Leib und Leben, sondern insbesondere auch die Gefahr einer Entsittlichung und Verrohung. Es kann nun nicht zweifelhaft sein, daß der Anblick von Tierquälereien und die Gewöhnung an einen solchen Anblick verrohend und gefühlsabstumpfend wirkt … Verhütung der Tierquälerei und Verhinderung einer Volksverrohung sind … nicht verschiedene Begriffe, sondern die Verhütung der Tierquälerei geschieht in der Hauptsache gerade zur Verhinderung einer Verrohung. Die Ministerialbekanntmachung ist daher gültig."

So einfach ist das. Nur wird man das Gefühl nicht los, dass das Gericht sehr hehre Sätze in den Raum gestellt hat, ohne darauf einzugehen, ob im vorliegenden Fall wirklich ein Tier gequält worden ist oder nicht der Landwirt A. dem Kalb doch ein Vergnügen mit der Fahrt auf dem Motorrad bereitet hatte. Dies wäre mit Hilfe eines sachverständigen Tierarztes wohl zu klären gewesen, heute auch durch einen Tierpsychologen.

Allerdings lag eine Übertretung nach § 21 der Oldb. Straßenverkehrsordnung von 1926 i. V. m. § 2 der VO über den Kraftfahrzeugverkehr von 1928 vor. Danach durften Gegenstände auf Motorrädern nur mitgenommen werden, falls die Bewegungsfreiheit des Fahrers nicht beeinträchtigt und Menschen oder Sachen nicht gefährdet würden. – Die Bewegungsfreiheit von A. war natürlich dadurch eingeschränkt, dass er nur mit der einen Hand steuerte, während seine andere Hand auf dem Rücken des Kalbes ruhte. Indes konnte A. insoweit nicht verurteilt werden, da die Staatsanwaltschaft ihrerseits keine Revision eingelegt hatte, nachdem das Amtsgericht ihn in diesem Punkt freigesprochen hatte.

Man kann aber bezweifeln, ob der Tatbestand der Tierquälerei überhaupt erfüllt war. Was der Verordnungsgeber von 1876 dabei im Auge hatte, ist § 2 der Ministerialbekanntmachung zu entnehmen:

> „Beim Treiben der Tiere ist jede quälende Behandlung, insbesondere das Hetzen von Hunden auf dieselben, das Drehen der Schwänze, übermäßiges Prügeln mit Knüppeln und das Stoßen mit den Füßen verboten. Tiere, welche durch Bruch usw. eines Knochens verletzt sind, dürfen nicht weitergetrieben, sondern müssen in anderer Weise befördert werden."

Und § 3 bestimmte:

> „Das Tragen der Tiere mit dem Kopfe nach unten oder in dichten, die Luft absperrenden Säcken ist untersagt."

Das Kalb hatte dagegen auf der Fahrt mit dem Motorrad viel frische Luft geschnappt. Ob es auf der Fahrtstrecke auch ein angenehmes Fahrgefühl hatte, wie der Landwirt A. meinte, wird sich heute nicht mehr klären lassen. – Einen merkwürdigen Anblick bot das Gespann allemal. Ob der Anblick aber auch die „Gefahr einer Entsittlichung und Verrohung" heraufbeschwor, wie das Oberlandesgericht meinte, kann wohl bezweifelt werden. Auf den durchschnittlichen Beobachter wird der Anblick von Fahrer und Kalb auf dem Motorrad eher erheiternd gewirkt haben.

XIII. Vor der Küste

28. Otto von Bismarck vor Wangerooge und auf Norderney.

Im Herbst des Jahres 1844 besuchte Otto von Bismarck (1815–1898), der spätere Reichskanzler, Norderney. Er befand sich in einer schwierigen Phase seines Lebens. Den zunächst abgebrochenen Referendardienst hatte er Anfang Mai 1844 wieder aufgenommen, um sich noch im selben Monat beurlauben zu lassen und nicht wieder in den Vorbereitungsdienst zurück zu kehren. Dabei hatte ihm das zuständige Regierungspräsidium den beantragten Urlaub nur mit der Maßgabe bewilligt, „daß Sie durch angestrengten Fleiß das seit dem Austritt aus Ihrem Staatsdienst Versäumte aufzuholen und dem Vorurteile zu begegnen bemüht sein werden, welches, wie wir nicht verhehlen können, nach Ausweis Ihrer Personalakten in bezug auf Ihren Eifer für die Ausbildung im Staatsdienste während Ihrer früheren Beschäftigung hierselbst rege geworden ist." In der Tat hatte von Bismarck dem juristischen Referendardienst keine positiven Seiten abgewinnen können. Einem Freund schrieb er noch im Juli 1844, er habe „die Leute und Geschäfte gerade so schal und unersprießlich gefunden wie früher", und er treibe „jetzt willenlos auf dem Strom des Lebens ohne anderes Steuer als die Neigung des Augenblicks, und es ist mir ziemlich gleichgültig, wo er mich an Land wirft." Von Bismarck hatte überhaupt Zweifel, ob er für die preußische Beamtenlaufbahn geeignet sei, wie sie vor allem von seiner Mutter gewünscht wurde, deren Vorverfahren aus Oldenburg stammten (vgl. „Nordwest-Heimat", Ausgaben vom 26. 7. 1997 und 31 .3. 1998). Er verglich den preußischen Beamten mit dem „einzelnen im Orchester; mag er die erste Violine oder den Triangel spielen: ohne Übersicht und Einfluß auf das Ganze, muß er sein Berufsstück abspielen, wie es ihm gesetzt ist, er mag es für gut oder schlecht halten. Ich will aber Musik machen, wie ich sie für gut erkenne, oder gar keine". Auch äußerte er, dass „mein Ehrgeiz mehr danach strebt, nicht zu gehorchen, als zu befehlen".

Andererseits konnte sich von Bismarck damals auch noch nicht dafür entscheiden, nur das Leben eines einfachen Landjunkers zu führen, sei es auf dem Stammsitz der von Bismarcks in Schönhausen/Altmark, sei es auf dem ererbten Rittergut Kniephof/Pommern. Auf Norderney hoffte er Klarheit über seinen weiteren Lebensweg zu gewinnen.

In dieser Phase, noch bevor er seine spätere Frau Johanna von Puttkamer kennen lernte, die ihm wieder Halt gab, reiste er nach Norderney zur „Badekur".

Von Bismarck fuhr mit einem Schiff auf der Unterweser, um an Wangerooge,

Spiekeroog und Langeoog vorbei nach Norderney zu kommen. Auf der Außenweser unweit von Wangerooge geriet das Schiff – ein Raddampfer namens „Telegraph" – in ein schweres Gewitter. Otto von Bismarck schreibt:

„Als wir in See kamen, fing es heftig zu regnen an, und etwa zwei Meilen von der Insel Wangeroog liefen wir auf einer Sandbank fest, so dass wir die Nacht bleiben mussten, um die Flut abzuwarten. Während der Zeit überfiel uns das tollste Gewitter, welches ich je erlebt habe, zum Glück ganz ohne Wind, aber wohl zwei Stunden mit wenig unterbrochenem Donner und Blitz. Ich war mit Herrn von Friesen aus Rammelsburg und dem Capitän allein auf dem Vordeck, als ein betäubender Schlag, mit Blitz und Donner ganz zugleich fiel, Friesen und ich taumelten auseinander, und jeder dachte vom anderen, er brenne, der Strahl hatte einige Schritte von uns den Kettenkasten getroffen und an der aushängenden Kette seinen Weg ins Wasser genommen. In derselben Minute erfolgten noch drei ähnliche Schläge in der unmittelbarsten Nähe des Schiffes, so dass die ganze See um uns aufbrauste. Einige Damen wurden ohnmächtig, andere weinten und die Stille in der Herrencajüte wurde nur durch das laute Beten eines Bremer Kaufmanns unterbrochen, der mir vorher viel mehr auf seine Weste als auf seinen Gott zu geben schien. Als ich mich nach dem Schlag, der das Schiff traf, an den Capitän wandte, wo der Blitz wohl sitzen möchte, war dieser Mann gänzlich außerstande zu antworten. Er war blaublass im Gesicht, die Lippen bebten ihm wie im Fieberfrost, und er war fast ohne Besinnung. Ich hätte wohl sehen mögen, was für Kommando er hätte geben können, wenn das Schiff etwa in Brand geraten wäre. Gegen mich geriet er in eine abergläubische Aufregung, die er erst später zu äußern imstande war, weil ich zur Beruhigung der alten Gräfin von K., die im größten Schreck an die Tür stürzte, einige Scherze über den Donner machte. Übrigens stand unsere Partie wirklich schlecht, da das Schiff der einzig anziehende Punkt für die Blitze war, das Gewitter gerade über uns, und wenn wir brannten oder der Kessel zerschlagen wurde, so fasste unser Boot noch nicht den vierten Teil der Gesellschaft, und wir waren zwei Meilen vom Lande. Das Gebet des Bremer Herrn rettete uns diesmal noch."

Soweit von Bismarck über die abenteuerliche Schiffsfahrt nach Norderney. Welches politische Schicksal hätte Deutschland wohl in der zweiten Hälfte des 19. Jahrhunderts gehabt, wenn v. Bismarck auf der Seereise tödlich vom Blitz getroffen wäre?

Über den Aufenthalt auf Norderney Ende August und Anfang September 1844 sind wir durch einen Brief unterrichtet, den Otto von Bismarck am 9.

9. 1844 an seine Schwester Malwine (1827–1908) richtete. Malwine – von Bismarck auch „Malle" genannt – hatte 1844 Oskar von Arnim (1813–1903) geheiratet. Mit seiner Schwester Malwine führte Otto von Bismarck einen langen Briefwechsel. In seinem letzten Brief vom 19. 12. 1894 schrieb er als „Ruheständler" aus dem Sachsenwald:

> „Wenn ich in meiner Vereinsamung darüber nachdenke, was mir an Herzensbeziehungen in dieser Welt bleibt, so stehst Du in erster Linie, und ich beklage die räumliche Trennung, die unser Lebenslauf über uns verhängt hat …".

Ca. 50 Jahre vorher – in seinem Brief vom 9. 9. 1844 – hatte von Bismarck seiner Schwester zunächst über das Badeleben auf Norderney berichtet:

> „Man badet … nur zur Zeit des höchsten Wassers, weil dann der stärkste Wellenschlag ist; eine Zeit, die zwischen 6 morgens und abends täglich um eine Stunde später eintritt, und in angenehmer Abwechselung die Vorzüge eines windkalten, regnigten Sommermorgens bald in Gottes herrlicher Natur unter den erhebenden Eindrücken von Sand und Seewasser genießen lässt …
>
> Das Baden gefällt mir hier sehr und so einsam es ist, bliebe ich nicht ungern noch einige Tage. Der Strand ist prächtig; ganz flach, ebner weicher Sand ohne alle Steine, und Wellenschlag, wie ich ihn weder in der Ostsee noch bei Dieppe je gesehen habe. Wenn ich eben noch bis an die Knie im Wasser stehe, so kommt eine haushohe Welle (…), dreht mich zehnmal rundum und wirft mich 20 Schritt davon in den Sand; ein einfaches Vergnügen, dem ich mich aber täglich con amore solange hingebe, als es die ärztlichen Vorschriften irgend gestatten. Mit der See habe ich mich überhaupt sehr befreundet; …".

Ob Otto von Bismarck nicht stark übertrieben hat, wenn er schreibt, er sei von einer Welle „zehnmal rundum" gedreht und dann über ca. 20 Schritt „in den Sand" geworfen worden?

Über das für ihn wichtige Essen bei den Wirtsleuten weiß Otto von Bismarck Kurioses zu berichten: Das Hauptessen wechselte entsprechend den Gezeiten zwischen 13.00 und 17.00 Uhr, „ihren Bestandtheilen nach zwischen Schellfisch, Bohnen und Hammel an den ungeraden, und Seezunge, Erbsen und Kalb an den geraden Tagen des Monats, woran sich im ersten Falle süßer Gries mit Fruchtsoße, im zweiten Pudding mit Rosinen anschließt …".

Außer von Bismarck sind auch andere Gäste in der Pension. Es sind offenbar recht merkwürdige Gestalten, mit denen er zusammen speist:

„Damit das Auge den Gaumen nicht beneidet, sitzt neben mir eine Dame aus Dänemark, deren Anblick mich mit Wehmut und Heimweh füllt, denn sie erinnert mich an Pfeffer in Kniephof, wenn er sehr mager war; sie muss ein herrliches Gemüth haben oder das Schicksal war ungerecht gegen sie; auch ist ihre Stimme sanft und sie bietet mir zweimal von jeder Schüssel an, die vor ihr steht. Mir gegenüber sitzt der alte Graf Beust, eine jener Gestalten, die uns in Träumen erscheinen, wenn wir schlafend übel werden; ein dicker Frosch ohne Beine, der vor jedem Bissen den Mund wie einen Nachtsack bis an die Schultern aufreißt, so dass ich mich schwindelnd am Rand des Tisches halte. Mein anderer Nachbar ist ein russischer Offizier, ein guter Junge, gebaut wie ein Stiefelknecht, langer schlanker Leib und kurze krumme Beine …".

Vor Norderney segelt von Bismarck:

„Täglich segele ich einige Stunden, um dabei zu fischen und nach Delphinen und Seehunden zu schießen; von letzteren habe ich nur einen erlegt, ein so gutmütiges Hundegesicht mit großen schönen Augen, daß es mir außerordentlich leid that. …".

Ob von Bismarck in der Nordsee vor Norderney in der ersten Hälfte des 19. Jahrhunderts Delphine beobachten konnte, muss bezweifelt werden. Aber Seehunde gab es sicherlich damals wie heute im Küstengebiet an der Nordsee.

Von Bismarck beschreibt dann einen schweren Sturm und dessen Folgen:

„Vor 14 Tagen hatten wir Stürme von seltener Heftigkeit; einige 20 Schiffe aller Nationen sind an den Inseln hier gestrandet, und mehrere Tage lang trieben unzählige Trümmer von Schiffen, Utensilien, Waaren und Fässern, Leichen, Kleider und Papiere an. Ich selbst habe eine kleine Probe gehabt, wie Sturm aussieht; ich war mit meinem fischenden Freunde … in vier Stunden nach der Insel Wangeroog gefahren, auf dem Rückweg wurden wir in dem kleinen Boot 24 Stunden umhergeschaukelt, und hatten schon in der ersten keinen trockenen Faden an uns, obgleich ich in einer angeblichen Cajüte lag; zum Glück waren wir mit Schinken und Portwein hinreichend verproviantirt, sonst wäre die Fahrt sehr verdrießlich gewesen."

Auf diese Weise lassen sich auch heute noch schwierige Schiffsfahrten einigermaßen gut überstehen. – Schwere Sturmfluten mit oft katastrophalen Folgen pflegen zwar eher im Herbst oder Winter an der Nordseeküste aufzutreten; sie kommen gelegentlich aber auch im Sommer vor. Wenn man bedenkt, dass die Schiffe in den 40er Jahren des 19. Jahrhunderts schwächer, zumeist aus Holz, gebaut waren und es Vorwarnungen, wie sie heute durch die modernen Kommunikationsmittel möglich sind, seinerzeit noch nicht gab, so ist es durchaus vorstellbar, dass v. Bismarck derartige Schiffskatastrophen, wie sie von ihm geschildert werden, selbst erlebt hat. Vielleicht hat er aber doch das Ausmaß übertrieben.

Otto von Bismarck kündigte dann seine Heimreise an, nachdem er sein „Deputat an Bädern" erledigt hatte: Am 11. 9. 1844 werde er mit einem Dampfschiff über Helgoland nach Hamburg fahren – wenn das Schiff denn überhaupt fahre; „in den Bekanntmachungen ist die Fahrt zwar angesetzt, sie pflegen aber die letzten Reisen, wie man mir sagt, oft fortzulassen, wenn sie keine hinreichende Anzahl von Passagieren erwarten, um ihre Kosten zu decken".

Es konnte also damals passieren, dass man länger als beabsichtigt auf einer der Nordseeinseln festsaß. Auf dem Landweg – über Ostfriesland und Oldenburg – wollte von Bismarck nicht zurück reisen, „weil die Wege so schlecht sind, dass man erst am dritten Tag nach Hannover kommt, auch sind die Postwagen abscheulich".

Otto von Bismarck beschließt seinen Brief an seine Schwester Malwine mit dem Satz:

„Leb wohl mein Schatz, mein Herz … Dein treuer Bruder …".

Schon bald nach seiner Rückkehr von Norderney sollte Otto von Bismarck Anfang Oktober 1844 erstmalig seiner späteren Frau, Johanna von Puttkamer, begegnen, die seinem Leben Halt gab.

Otto v. Bismarck im Alter von ca. 30 Jahren.

29. Der Mann in der Tonne

Eine Touristengruppe aus Nordrhein-Westfalen besuchte eine ostfriesische Insel. Das Programm sah auch eine Halbrundfahrt um die Insel von Westen über Norden nach Osten vor. Also begab sich die ganze Gruppe an Bord eines Ausflugsschiffes – und los ging die Schiffsreise. Unterwegs fiel einer Touristin eine Reihe von großen, im Wasser schwimmenden, offenbar am Meeresgrund befestigten Tonnen auf, schmale, nach oben gerichtete Gebilde, in die ein Mann wohl reinpasste. Die Touristin befragte den Schiffsführer, den man auch als Reiseleiter für die Schiffsfahrt engagiert hatte, nach dem Sinn und Zweck der Tonnen. Zwischen dem Schiffsführer, der es faustdick hinter den Ohren hatte, und der Touristin, die er als naive junge Frau ausmachte, entspann sich nun folgende Unterhaltung:

Der Schiffsführer: Die Tonnen sind aufgestellt, um den Schiffen heimzuleuchten, wenn sie vom weiten Weg über den Atlantik und den Kanal in die Nordsee zurückkommen. Innen ist auch Platz für einen Häftling.

Die Touristin: Wieso denn das?

Der Schiffsführer: Da kommt ein Häftling rein, der an Land zu Einzelhaft verurteilt worden ist.

Die Touristin: Das ist ja schrecklich, wie kommt der Mann denn da rein?

Der Schiffsführer: Nun, da ist ja seitlich eine große Klappe. Dadurch kann man reinsteigen und es sich innen gemütlich machen.

Die Touristin: Gemütlich? Da kann man doch nicht schlafen.

Der Schiffsführer: Doch, innen ist ein Brett mit einem Kissen darauf, da kann der Häftling es sich bequem machen, sich an die Tonnenwand lehnen und schlafen. Die Häftlinge auf See üben das vorher schon an Land in ihrer Einzelzelle.

Die Touristin: Aber so ein Mann muss doch auch essen und trinken.

Der Schiffsführer: Dafür ist gesorgt. Einmal, manchmal auch zweimal in der Woche kommt ein Schiff der Wasserschutzpolizei mit Beamten vorbei und bringt dem Häftling Essen und etwas zu Trinken. Es wird ihm durch die Einstiegsklappe auf einem Tablett serviert. Hin und wieder kommt es, so bei schwerer See oder wenn die Beamten verschlafen haben, zu Verzögerungen. Aber verhungert ist noch niemand.

Die Touristin forscht weiter: Aber der Häftling muss doch auch mal.

Der Schiffsführer: Auch das ist kein Problem. Für das Geschäft ist im Sitzbrett ein Loch mit einem Deckel darauf und einer Ableitung nach außen.

Den Deckel muss der Mann nur hochnehmen. In der Tonnenwand ist eine Klappe, die man fürs Geschäft öffnen kann und danach auch noch etwas offen lässt, damit mit Seewasser von außen nachgespült werden kann. Dann wird die Klappe wieder geschlossen, der Deckel auf das Loch im Sitz gelegt – und der Mann kann es sich wieder bequem machen.

Die Touristin: In der Tonne ist es doch dunkel, wie kann der Mann es Tag und Nacht darin aushalten?

Der Schiffsführer verwies auf ein Bullauge im oberen Teil der Tonne und erklärte: Tagsüber fällt dadurch genügend Licht ein. Nachts kann der Häftling auch Licht einschalten. Oben auf der Tonne ist ein Leuchtfeuer mit einer Leitung nach innen. Im übrigen soll der Häftling nachts schlafen, dazu braucht er kein Licht.

Die Touristin: Es wird doch auch kalt in der Tonne, besonders nachts.

Der Schiffsführer: Vom Leuchtfeuer auf der Tonne geht auch ein Kabel nach innen, an dessen Ende ein Heizstrahler angebracht ist, den der Häftling je nach Bedarf ein- und ausschalten kann.

Die Touristin ließ nicht locker: Der Mann versteift doch in der Tonne, er kann sich darin ja gar nicht bewegen.

Der Schiffsführer: Da täuschen Sie sich. Der Häftling übt vorher schon an Land, wie man auf engstem Raum die einzelnen Gliedmaßen bewegen kann.

Die Touristin: Aber doch nicht den ganzen Körper.

Der Schiffsführer: Da haben Sie recht. Es soll für den Häftling ja auch kein Kuraufenthalt an der See oder – richtig – auf See sein. Dann könnte man ihn ja gleich unter Bewachung auf eine Insel schicken. – Im übrigen kann der Häftling auch baden gehen. Es ist so viel Raum in der Tonne, dass er sich ausziehen, seine Badehose anziehen und durch die Klappe nach außen gehen kann. Das nennt man in Anlehnung an den Freigang an Land Freischwimmen.

Die Touristin: Und dann schwimmt er einfach weg.

Der Schiffsführer: Das hat noch keiner getan. Die Entfernung zur Insel ist viel zu groß, als dass der Häftling dahin schwimmen könnte. Und wenn es doch einer mal schaffen würde, so würde man ihn auf der Insel sicher aufgreifen. Er hätte dann das Recht zum Aufenthalt an der frischen Seeluft verwirkt und würde an Land wieder eingesperrt.

Die Touristin schließlich: Man kann in der Tonne, die sich ja ständig bewegt, doch seekrank werden. Dabei erzählte sie, dass sie einmal seekrank geworden sei, das sei schrecklich gewesen.

Der Schiffsführer: Es werden nur ausgesuchte Gefangene genommen, die vorher daraufhin getestet werden, ob sie zur Seekrankheit neigen. Solche Leute kommen dann natürlich nicht in Einzelhaft auf See. Im übrigen ist die Zahl der Bewerber, die einmal ihre Einzelhaft auf See verbringen wollen, so groß, dass noch nie Probleme bestanden haben, alle – insgesamt fünf – Tonnen um die Insel herum mit Häftlingen zu besetzen. Man braucht die Klappe an der Tonne nur etwas zu öffnen und kann die herrlichste Seeluft atmen. Meist kommen die Gefangenen gut erholt von dem Aufenthalt auf See zurück.

Die Touristengruppe hatte das Gespräch zwischen Schiffsführer und Touristin mit zunehmender Aufmerksamkeit verfolgt. Einige lachten. Am Schluss lachten alle, ausgenommen die Touristin und ein ernsthaft blickender Tourist aus der Gruppe. Die Touristin merkte schließlich, dass der Schiffsführer Seemannsgarn gesponnen und sie tüchtig auf dem Arm genommen hatte. Nun beschimpfte sie gar den Schiffsführer, wie er sie so „vor versammelter Mannschaft" haben „aufziehen" können. Der Schiffsführer wurde jetzt auch verlegen. Er empfand wohl, dass er zu weit gegangen war.

Da stand der Herr aus der Touristengruppe auf, der ernst geblieben war, und erklärte: Er habe die ganze Zeit mit sich gerungen, nun wolle er doch einmal die Wahrheit sagen: Er sei nämlich einer der Häftlinge gewesen, der als Einzelhäftling in einer der Tonnen gewesen sei. Sprachs und setzte sich wieder. Nun hörte das Lachen auf und erstaunt blickten die Touristen auf ihn. Die Touristin sah triumphierend um sich und der Schiffsführer warf dem bekennenden Touristen einen dankbaren Blick zu. Er hatte die Situation gerettet.

Bekanntlich entstehen vor der Küste Ostfrieslands und Oldenburgs große Windparks. Die Entfernung zur Küste und den vorgelagerten Inseln wird so groß sein, dass die Windmühlen moderner Bauart mit bloßem Auge nicht wahrgenommen werden können. Die Rotorblätter sollen eine Länge von mehr als 100 m bekommen, die Stahlrohrtürme eine Nabenhöhe von 125 m, das unterste Turmsegment einen Durchmesser von bis zu 5,40 m. Bei diesen Abmessungen ließen sich leicht um 40 Zellen übereinander im Stahlrohrturm unterbringen, wenn eine Deckenhöhe von 3 m pro Zelle eingehalten wird. – Gegenüber der Tonne hätten Zellen im Turm große Vorteile, auch wenn durch die Zellen Kabel zum Maschinenhaus am Kopf der Windenergieanlage verlegt werden müssen und das Turmsegment nach oben hin verschlankt wird. Es wäre Platz genug für ein Bett und eine Nasszelle mit Toilette. In der Zelle wäre auch genügend Raum für Bewegungsübungen des Häftlings. Die Versorgung der Insassen könnte durch einen Aufzug außen an den

Türmen sichergestellt werden, der stark genug sein müsste, um auch die Gefangenen in die Zellen und wieder hinaus zu befördern. Die Gefahr der Seekrankheit bestünde nicht; denn die Stahlrohrtürme werden fest und tief im Boden der Nordsee verankert. Zellenbewohner können die vorbeifahrenden Schiffe durch ein großes Fenster beobachten. Sie können mit ihren Mithäftlingen im Turm und in den benachbarten Türmen des Windparks per Telefon kommunizieren, selbstverständlich haben die Häftlinge Fernsehen und Internetzugang. Die Versorgung für viele Häftlinge in einem Windpark ließe sich viel einfacher organisieren als für einzelne Männer in weit voneinander entfernten Tonnen. Die Stromversorgung wäre ohnehin kein Problem. Strom würde sozusagen frei Zelle geliefert.

Wie unlängst berichtet, soll in Bremerhaven ein Trainingszentrum für das Personal von Windparks auf See eingerichtet werden. Das Personal soll beim Aufbau, dem Service und der Wartung der Windparks eingesetzt werden. Es bleibt zu überlegen, ob man für den Service und die Wartung nicht Häftlinge schult. Allerdings müsste es sich um Langzeithäftlinge handeln, da die Schulung wohl nicht lohnt, wenn Häftlinge nur wenige Monate auf See verbringen.

Dienstleistungen der verschiedensten Art durch Häftlinge hätten einen unschätzbaren Vorteil: Sie könnten gleich vor Ort erledigt werden. Sonst müsste Personal erst von Land mit Schiffen oder Hubschraubern zu den Windparks gebracht werden, was bei schwerer See und/oder orkanartigen Stürmen schwierig, wenn nicht unmöglich wäre. Das zuständige Ministerium hätte einen doppelten Vorteil: Die Häftlinge wären sicher untergebracht und könnten sich zugleich nützlich machen.

Die Gefängnisverwaltung in Niedersachsen sollte beizeiten über eine solche Lösung nachdenken, zumal auch in Zukunft die Haftanstalten im Lande hoffnungslos überfüllt sein werden. Wie unlängst berichtet, sollen in Niedersachsen kurzfristig neun alte, unmoderne Haftanstalten geschlossen werden, so dass der Bedarf an Häftlingszellen noch steigen wird. Natürlich wird man niemanden zwingen, seine Haftzeit in luftiger Höhe, umringt von Wasser, zu verbringen, aber es dürfte auch zukünftig eine Anzahl von Häftlingen geben, die off shore lieber ihre Zeit verbringen als in einer muffigen kleinen Zelle an Land.

Und sie könnten sich – nach entsprechender Schulung – vor Ort nützlich machen.

NACHWORT

Manche Bücher brauchen keine Einführung oder ein Vorwort, weil sie aus sich selbst heraus verständlich sind. Dazu zählt der Autor auch die in diesem Buch enthaltenen, ausgewählten Kurzgeschichten. Wenn dieses Buch mit einem Nachwort schließt, so sollen dem interessierten Leser damit doch noch einige Informationen gegeben werden.

Die 29 Kurzgeschichten sind sämtlich vorveröffentlicht worden, hauptsächlich in den im Verlag Medienhaus Rösemeier, Bad Zwischenahn-Ofen, erschienenen Büchern

Heiteres und Historisches aus dem wilden Nordwesten (1991)

Wer sät, der mäht, alte Streitfälle rund um Oldenburg (1992)

Die Chronik einer Moorschmiede (1996)

Heiteres und Historisches von Rössern und Reitern rund um Oldenburg (1998)

Kurioses von der Küste und Rechtsfälle links der Weser (2. Auflage 2003)

Vom Wind bewegt, 33 alte Rechtsfälle links der Unterweser (2006)

Einkehr am Meer, sagenhafte und historische Gestalten im Nordwesten (2007)

Nordseestand und Küstenland in alten Berichten und Gedichten (2008).

Einzelne Kurzgeschichten finden sich auch in früheren Veröffentlichungen des Autors, und zwar in den Büchern

Im Nordwesten heiter (1983) und

Im Namen des Großherzogs, Geschichten vor Gerichten im alten Oldenburg (1986),

beide erschienen im Kayser-Verlag, Oldenburg. Die Rechte liegen jeweils beim Autor.

Die Auswahl der Geschichten haben der Verlag und der Autor einvernehmlich getroffen. Die Texte sind in dieses Buch mit nur kleinen Änderungen und Ergänzungen übernommen worden.

Alle Geschichten – auch die vor Gerichten und Ämtern – spielen überwiegend landeinwärts der südlichen Nordseeküste, also in Ostfriesland und Oldenburg, – oder haben doch hier ihren Ausgang.

Sie umfassen einen Zeitraum von knapp 200 Jahren. Kriterium für die Auswahl bildete das „Abenteuerliche" im Sinne von ereignis- bzw. erlebnisreich, aufregend, ungewöhnlich und seltsam (Duden 3. Auflage 2004 unter „abenteuerlich"; vgl. auch Brockhaus Enzyklopädie 21. Auflage 2005 unter „Abenteuer").

Eher aufregende Erlebnisse für die Betroffenen waren die unter I., IV., V., VI. 12., VII., VIII., XI., XII. 25. und XIII. geschilderten Vorgänge. Dagegen wird man die unter II., III., VI. 11., IX., X. und XII. 26., 27. dargestellten Rechts- und Gerichtsfälle eher als ungewöhnlich bzw. seltsam zu bezeichnen haben: Beschlüsse von Behörden und Urteile von Gerichten haben oft Bagatellfälle zum Gegenstand, werden aber mit einem gewaltigen Aufwand an Scharfsinn und Gelehrsamkeit entschieden, teilweise mit Formulierungen, die dem heutigen Leser „abenteuerlich" vorkommen müssen.

Dass etwa die Hälfte der Fälle gerichtliche Verfahren zum Gegenstand haben und weitere sich auf dem Hintergrund solcher Verfahren abgespielt haben, hat seinen Grund: Der Autor ist Jurist (erst Richter in Bremen, danach Rechtsanwalt und Notar in Oldenburg) und hat die Geschichten vor Gerichten zum Teil selbst miterlebt. Wo der Sachverhalt teilweise zu prosaisch war, sind mit ein wenig Phantasie Lücken ausgefüllt worden. Aber der Kern der Erzählungen ist jeweils unangetastet geblieben.

Das gilt auch für die geschilderten „abenteuerlichen" Erlebnisse des Autors selbst, der auch Jäger, Reiter und Hundehalter war bzw. noch ist.

Fast alle Geschichten spielen auf dem Lande. Das erklärt sich zum einen daraus, dass der Nordwesten Niedersachsens – von einer Großstadt und kleineren Städten abgesehen – ländlich geprägt ist. Zum anderen handeln viele Geschichten von Tieren – und diese werden nun einmal regelmäßig auf dem Lande gehalten, wo auch die Jagden stattfinden.

Manche Gerichtsfälle erscheinen antiquiert und würden heute so wohl gar nicht mehr vor Gericht kommen. Trotzdem sind einige von ihnen in dieses Buch aufgenommen worden, um dem rechtshistorisch Interessierten zu zeigen, wie früher entschieden und dies begründet wurde.

Der Autor ist auch Kunst- und Musikliebhaber. Deshalb stehen Erlebnisberichte um „Rembrandt" und „Beethoven" am Anfang dieses Buches.

Das Buch schließt mit einem (Rück-)Blick ins 19. Jahrhundert (von Bismarck vor der Küste) und einem (Aus-)Blick ins 21. Jahrhundert (Windparks in der Nordsee).

Die – teils colorierten – Zeichnungen stammen aus der bewährten Feder von Günter Müller, Oldenburg.

Dr. jur. Walter Ordemann   Oldenburg, im August 2009.